**Genial kochen
mit
Jamie Oliver**

Genial kochen
mit
Jamie Oliver

Fotos von David Loftus

DORLING KINDERSLEY

DORLING KINDERSLEY

London • New York • München • Delhi

Bibliografische Information Der Deutschen Bibliothek
Die Deutsche Bibliothek verzeichnet diese Publikation in
der Deutschen Nationalbibliografie;
detaillierte bibliografische Daten sind im Internet über
http://dnb.ddb.de abrufbar.

Titel der englischen Originalausgabe:
Happy Days with the Naked Chef

Übersetzung Gina Beitscher, München
Redaktion Gerti Köhn, München
Fachliche Beratung Tim Mälzer, Hamburg

ISBN 3-8310-0329-7

Druck und Bindung: Firmengruppe Appl, Wemding

Besuchen Sie uns im Internet
www.dk.com

Besuchen Sie Jamie Oliver im Internet
www.jamieoliver.com

INHALT

Für Henry

und Jake,

die Köche von morgen

Als ich vor einigen Jahren nach London zog, habe ich eine winzige Wohnung mit einer Miniatur-Küche gemietet. Daher weiß ich recht gut, was es heißt, mit wenig Platz und ebenso wenig Kochutensilien auszukommen. Ich hatte natürlich schon tolle Gerichte als Koch im Restaurant gezaubert, aber es fiel mir schwer, diese zu Hause nachzukochen. Es fehlte an Platz und Ausrüstung, aber auch an guten und gleichzeitig preiswerten Zutaten. Mein großes Ziel war es daher, die besten Rezepte aus meinem Profialltag so zu modifizieren, dass sie auch zu Hause und unter einfachen Bedingungen richtig gut funktionieren – selbst dann, wenn Garten und Vorratsschrank nur wenig hergeben. Dieses Buch soll Ihnen einfach Mut machen, ohne große Vorbereitungen und selbstbewusst in die Küche zu gehen und gut gelaunt loszulegen.

Bei mir hat diese Begeisterung für einfaches und gutes Essen nie nachgelassen. Auch heute noch, da mir die Fotografen teilweise schon hinter Büschen auflauern, bleibe ich bei meinen einfachen Kochkonzepten. Sogar als ich letztes Jahr meine große Jugendliebe Jools geheiratet habe, war das nicht anders: An unserem großen Tag standen wir schon um fünf Uhr früh am Herd: mein Dad, Gennaro (mein Londoner Ersatzvater), mein Trauzeuge Bender (der Australier), all die anderen Köche aus dem Monte's und ich. Unsere Freunde und Verwandten sollten es sich so richtig schmecken lassen. Als Vorspeise gab es verschiedene Tapas und Antipasti, frisches Brot und Platten mit Parmaschinken, Bressaola und italienischer Salami. Dazu servierte ich Chutneys und Saucen. Alle langten kräftig zu und reichten die guten Sachen herum. Vom oberen Tischende aus war der Anblick fantastisch – das Fest des Jahres. Das Hauptgericht war ein ganzer Wildlachs, den ich mit Kräutern gefüllt und in Weißwein und Olivenöl gebacken hatte. Er wurde mit Zitrone und Basilikummayonnaise serviert, dazu gab es gekochte Kartoffeln, die wir noch am Morgen in Dads Garten ausgegraben hatten, und einen grünen Salat. Zum Dessert gönnten wir uns Erdbeeren mit etwas Mascarponecreme. Köstlich!

Im Laufe des letzten Jahres bin ich viel gereist – Australien, Neuseeland, Amerika und Japan. Jedes Land überraschte mich mit eigentümlichen Gerichten. Da gab es Stierhoden in den USA und Kabeljausamen (als Hähnchen verkleidet) in Japan – das gilt dort als Delikatesse, und weil ich der Ehrengast war, bekam ich die größte Portion. Es schmeckte zwar ganz gut, aber ich hatte einfach ein komisches Gefühl dabei.

Mittlerweile bin ich im Restaurant Monte's in der Sloane Street in London beratender Koch. Es war eine Herausforderung und ein wahrer Dressurakt, das Restaurant von Grund auf neu zu organisieren und in die Fußstapfen von Chefkoch Alain Ducasse zu treten. Ich bin sehr zufrieden mit dem jungen Team unter der Leitung meines australischen Freundes Bender. Wir haben viel zu tun. Es ist toll, saisonale Menüs mit den besten Zutaten zusammenzustellen.

Die Leute fragen mich dauernd, ob der Erfolg der Bücher und der TV-Sendungen mich und meinen Kochstil verändert hat. Na ja, als Person habe ich mich nicht wirklich verändert, außer, dass ich etwas erwachsener geworden bin. Ich habe so viele Briefe und E-Mails an meine Website (www.jamieoliver.com) bekommen, dass ich jetzt mehr Ahnung davon habe, was normale Leute zu Hause kochen möchten. Beim Schreiben dieses Buches hatte ich das stets im Kopf.

Im Mittelpunkt steht der Kauf der bestmöglichen Zutaten – es geht um einfache, aber innovative Gerichte. Diesbezüglich war dieses Jahr sehr fruchtbar für mich. Ich habe viele neue Rezepte auf Lager. Einige Kapitel liegen mir besonders am Herzen. Das wichtigste ist »Kids´ Club«: Eltern sollten versuchen, die Fantasie ihrer Kinder anzuregen und sie in der Küche mithelfen zu lassen. Dann ist da die »Schnelle Küche«, wobei sich alles um rasche, schmackhafte Gerichte dreht – ideal, wenn man nach einem anstrengenden Arbeitstag spät nach Hause kommt. Das Kapitel »Herzhafte Küche« schließlich enthält alle meine Lieblingsgerichte.

Ich bin stolz auf dieses Buch – für mich hat es mehr von einem Tagebuch als von einem Kochbuch, da es meine Erinnerungen an die vergangenen Jahre enthält. Es ist eine Auswahl, in der eine Menge Ideen stecken, die ich von meinen Reisen mitgebracht habe. Ich habe aber auch einige klassische Rezepte eingefügt und mache natürlich einen Schlenker zu neuen Kochtrends, um Ihnen meinen ganz persönlichen Geschmack zu zeigen. So, nun wissen Sie, worum es geht.

Viel Spaß … in der Küche! Gruß, Jamie

KRÄUTER Warum widmet ein 26-jähriger Typ aus Essex zwei wertvolle Seiten seines Buches Kräutern? Meine Frau glaubt zwar, ich sei völlig übergeschnappt, weil ich so versessen auf die aromatischen Blätter bin, aber Kräuter sind wirklich toll. Wenn es auf dieser Welt keine Kräuter gäbe, würde ich das Kochen sofort bleiben lassen, denn wie langweilig wäre es dann! Mit Kräutern kann man ein Gericht herzhafter, leichter oder aromatischer machen und die verschiedensten Speisen kombinieren, die andernfalls nie und nimmer zusammenpassen würden. Kräuter im Garten zu ziehen bzw. immer frisch am Küchenfenster zu haben, ist der Traum eines jeden Kochs: kurz hinausgehen, die Kräuter holen, sie im Mörser zerstoßen und mit etwas Öl auf ein schönes Stück Lamm streichen – einfach wunderbar.

Wahre Kräuterkenner sind vielleicht schon meiner Kollegin Jekka Mc Vicar über den Weg gelaufen. Jekka ist verrückt nach Kräutern und pflanzt und zieht die fantastischsten Ableger und Samen von Kräutern aus aller Welt. Und sie hat mich angesteckt: Ich plane bereits ein Kräuterbeet in meinem noch nicht existierenden Garten. Zwar kenne ich Jekka noch nicht sehr lange, aber das ist das Tolle an leidenschaftlicher Begeisterung fürs Essen: Sie bringt die Menschen zusammen und lässt sie schnell Freunde werden.

Dieses kleine Kapitel soll Sie dazu ermuntern, sich näher mit Kräutern zu befassen. Kräuter sind ein echter Geheimtipp, um in der Küche durchzustarten. In einem Gespräch mit Jekka erfuhr ich, dass es in der Geschichte der Kochkunst noch ziemlich neu ist, Kräuter lediglich zum Würzen zu verwenden. Einige Kräuter kamen früher als natürliches Antiseptikum zum Einsatz. Andere, wie Salbei, können den Alterungsprozess aufhalten und sind heutzutage in Gesichtscremes enthalten – ursprünglich diente Salbei zum Konservieren von Fleisch. Fenchel, Koriander, Estragon und Dill unterstützen die Verdauung und den Cholesterinabbau. Minze wirkt entzündungshemmend und regt den Appetit an. Rosmarin schließlich ist gut für die Leber und ein überaus beruhigendes Kraut. Auch wenn man nicht über dieses Hintergrundwissen verfügt, tut man sich selbst viel Gutes, wenn man Kräuter zum Kochen verwendet – also los: Machen Sie sich auf die Suche nach Ihren persönlichen Lieblingskräutern!

HERZHAFTE KÜCHE Die Idee dieses Kapitels ist es, Ihnen ein paar Rezepte der herzhaften, schlichten Hausmannskost vorzustellen, z. B. eine Art Würstchen im Schlafrock und ein Rinder-Stew mit dunklem Bier und Klößchen – Mahlzeiten für jene Abende, an denen man es sich vor dem Fernseher gemütlich machen und einfach nur faul sein will.

Die Hausmannskost stammt aus den verschiedensten Ländern, mit Gerichten wie dem ultimativen Chili con carne oder den weichsten amerikanischen Pancakes. Mit diesem Kapitel wollte ich Sie beruhigen – ich bin zwar Koch, habe aber dennoch manchmal Heißhunger auf ein gutes altes Fischstäbchen-Sandwich oder eine fettige Bratwurst, überbacken mit Käse. Was all diese Rezepte verbindet, sind die Erinnerungen an die Kindheit und den Spaß an der gemeinsamen Mahlzeit, wenn die ganze Familie um den Esstisch versammelt war. Und in meinem speziellen Fall daran, dass ich erschöpft vom Fußballspielen mit meinen Freunden heimkam und erst meine nassen Sachen gegen den Bademantel eintauschen musste, bevor ich mir eine dampfende Schüssel Chili mit Pellkartoffeln und einem Klecks Guacamole und Joghurt schmecken lassen durfte. Immer daran denken: Essen Sie nicht, um zu leben, sondern leben Sie, um zu essen.

Würstchen im Schlafrock

4 PORTIONEN

Sonnenblumenöl • 8 große Würstchen von guter Qualität •
4 frische Rosmarinzweige • 2 große rote Zwiebeln, geschält und in
Ringe geschnitten • 2 Knoblauchzehen, geschält und in feine
Scheiben geschnitten • 2 Stückchen Butter • 6 EL Aceto balsamico •
1 gestr. EL Instant-Gemüsebrühe oder 1 Gemüsebrühwürfel

TEIG

300 ml Milch • 120 g Weizenmehl • 1 Prise Salz • 3 Eier

Die Teigzutaten vermischen und beiseite stellen. Ich mag es, wenn der Teig riesengroß aufgeht, also braucht man eine entsprechend große Backform. Je dünner das Material ist, aus dem die Form besteht, desto besser, denn das Öl muss darin so heiß werden, dass es qualmt.

Das Sonnenblumenöl etwa 1 cm hoch in die Backform geben und diese auf die mittlere Schiene das Backofens schieben. Den Backofen auf die höchste Temperatur einstellen (240–250 °C). Schieben Sie ein größeres Blech darunter, um das Öl aufzufangen, das beim Backen aus der Form laufen wird. Wenn das Öl sehr heiß ist, die Würstchen hineingeben. Im Auge behalten und leicht goldbraun werden lassen.

Die Form aus dem Backofen nehmen und den Teig zusammen mit ein paar Rosmarinzweigen über die Würstchen gießen. Der Teig wird in dem heißen Öl Blasen werfen und etwas spritzen. Stellen Sie die Form wieder in den Backofen und schließen Sie die Klappe. Diese muss mindestens 20 Minuten geschlossen bleiben – Yorkshire-Puddings können recht temperamentvoll sein, wenn sie aufgehen. Ist der Teig goldbraun und knusprig, können Sie die Form aus dem Ofen nehmen.

Für die Sauce die Zwiebeln und den Knoblauch in der erhitzten Butter bei mittlerer Hitze fünf Minuten braten, bis sie glasig sind. Nach Belieben etwas Thymian oder Rosmarin zugeben. Den Essig zugießen und so lange kochen, bis die Flüssigkeit auf die Hälfte reduziert ist. An dieser Stelle gebe ich einen Brühwürfel oder etwas Instant-Brühe dazu. Einstreuen und etwas Wasser zugießen. Wenn Sie das Ganze noch etwas köcheln lassen, erhalten Sie eine schmackhafte Zwiebelsauce. Servieren Sie als Beilage Kartoffelpüree, grünes Gemüse und gebackene Bohnen oder einen grünen Salat – gegen das schlechte Gewissen!

Steak-und-Guinness-Pie

Diese leckere Pastete ist leicht zuzubereiten. Sie müssen lediglich einen Blätterteigdeckel auf die Form mit dem Schmorfleisch setzen. Ich serviere diese Art von Pies immer ohne Beilagen. Wenn Sie nicht darauf verzichten möchten, können Sie Kartoffeln und gedünstetes grünes Gemüse dazu reichen.

6 PORTIONEN

700 g Rindfleisch zum Schmoren, in Würfel geschnitten • Meersalz und frisch gemahlener schwarzer Pfeffer • 2 gehäufte EL Mehl • Olivenöl • 1 Zwiebel, geschält und grob gehackt • 1 große Karotte, geschält und grob gehackt • 4 Selleriestangen, gewaschen und grob gehackt • 2 Pastinaken, geschält und grob gehackt • 1 Hand voll frische gemischte Kräuterblättchen (Rosmarin, Thymian und Lorbeer) • 600 ml Guinness-Bier • 2 Dosen Tomaten (je 400 g) • 1 Packung Blätterteig (450 g) • 1 verquirltes Ei

Das Rindfleisch salzen, pfeffern und im Mehl wenden. Zwei bis drei Spritzer Olivenöl in eine Kasserolle geben und das Fleisch − falls nötig in zwei Portionen − goldbraun braten. Die Zwiebel hinzufügen und eine Minute weiterbraten, dann die Karotte, den Sellerie, die Pastinaken und Kräuter zugeben. Weitere vier Minuten braten und das Bier zugießen. Die Tomaten hinzufügen und alles zum Kochen bringen. Umrühren und etwa zwei Stunden köcheln, bis das Fleisch weich ist. Die Sauce sollte dickflüssig sein. Nun noch würzen. Jetzt können Sie das Schmorfleisch mit Kartoffelpüree servieren oder in den Kühlschrank stellen. Dort hält es sich fünf Tage lang.

Für die Pies den Backofen auf 190 °C vorheizen. Das Fleisch in eine oder mehrere Formen füllen. Ich backe gerne mehrere kleine Pasteten − als Formen eignen sich runde, hohe feuerfeste Schüsselchen. Den Blätterteig mit etwas Mehl bestäubt ca. 0,5 cm dick ausrollen. Dann sechs Kreise ausstechen, die jeweils etwa 1 cm größer sind als der Durchmesser der Förmchen. Die Ränder der Förmchen mit dem verquirlten Ei bepinseln, dann die Teigkreise auf die Füllung setzen und den überstehenden Teig außen am Rand der Formen festdrücken. Die Teigoberfläche kreuzweise leicht einritzen und mit dem verquirlten Ei bepinseln. Im vorgeheizten Backofen auf mittlerer Schiene 45 Minuten backen, bis der Teig schön goldbraun und hoch aufgegangen ist.

Rinder-Stew mit dunklem Bier und Klößchen

6–8 PORTIONEN

1 kg Rinderhaxe (oder Hals mit Nacken bzw. Brust, Flanke), in Stücke geschnitten • 3 EL Mehl • Olivenöl • 3 rote Zwiebeln, geschält, halbiert und grob in Ringe geschnitten • 50 g Pancetta oder durchwachsener Räucherspeck, in Würfel geschnitten • 3 Selleriestangen, gehackt • 1 kleine Hand voll Rosmarinblättchen • 1,3 l dunkles Bier (z. B. dunkles Pils, Altbier oder Malzbier) • 2 Pastinaken, geschält und grob gehackt • 2 Karotten, geschält und grob gehackt • 4 Kartoffeln, geschält und grob gehackt • Meersalz und frisch gemahlener schwarzer Pfeffer

FÜR DIE KLÖSSCHEN

225 g Mehl, mit 5 g Backpulver vermischt • 115 g Butter • je 1 gute Prise Salz und Pfeffer • 2 Rosmarinzweige, gehackt

Das Rindfleisch würzen und im Mehl wenden. Eine Pfanne erhitzen, etwas Olivenöl zugeben und das Rindfleisch in zwei Portionen anbraten. Dann das Fleisch in eine große Kasserolle umfüllen. Das Mehl zugeben, das noch vom Fleischwenden übrig ist. Die Kasserolle auf mittlerer Flamme erhitzen, Zwiebeln und Speck zugeben, und anbraten, bis die Zwiebeln glasig sind und der Speck etwas Farbe angenommen hat. Sellerie und Rosmarin einstreuen. Nun das Bier (ich verwende Newcastle Brown Ale) und 300 ml Wasser zugießen; dann Pastinaken, Karotten und Kartoffeln zugeben. (In dieser Phase können Sie auch andere Gemüsesorten hineingeben.) Alles zum Kochen bringen, zudecken, die Temperatur herabschalten und köcheln lassen, während Sie die Klöße zubereiten – die jedoch kein Muss sind.

Die Zutaten für die Klößchen in der Küchenmaschine vermengen oder zwischen den Fingern reiben, bis die Mischung eine krümelige Konsistenz annimmt. Dann gerade so viel Wasser zugeben, dass ein Teig entsteht, der nicht klebt. Formen Sie daraus Klößchen in der Größe von Tischtennisbällen, die Sie in das Stew geben und untermischen. Den Topf wieder zudecken und alles zwei Stunden lang kochen lassen. Schmecken Sie das Stew nach Belieben ab und servieren es – am besten mit etwas Wirsingkohl oder einem anderen Gemüse –, auf alle Fälle jedoch mit viel Brot zum Auftunken der Sauce.

Chili con carne

Am besten kaufen Sie für dieses Rezept Rindfleisch vom Kamm, dann wissen Sie, woraus Ihr Hackfleisch besteht. Das Fleisch in Stücke schneiden und in der Küchenmaschine zu Hackfleisch verarbeiten. Normalerweise bereite ich doppelt soviel Chili zu, wie ich benötige; den Rest friere ich in Beuteln ein. Diese Beutel können dann bei Bedarf 15 Minuten in kochendem Wasser aufgetaut werden.

4 PORTIONEN

2 Zwiebeln • 1 Knoblauchzehe • Olivenöl • 2 gestrichene
TL Chilipulver • 1 frische rote Chilischote, entkernt und fein
gehackt • 1 gehäufter TL gemahlener Kreuzkümmel •
Meersalz und frisch gemahlener schwarzer Pfeffer •
450 g Rindfleisch vom Kamm, durch den Fleischwolf gedreht,
oder erstklassiges Hackfleisch • 200 g getrocknete Tomaten •
2 Dosen Tomaten (je 400 g) • ½ Zimtstange • 2 Dosen rote
Bohnen (je 400 g), abgetropft

Zur Zubereitung benutze ich einen Topf oder eine Kasserolle aus Metall mit Deckel, die man auf dem Herd und im Backofen verwenden kann. Wer die Backofenmethode bevorzugt (siehe unten), muss den Herd auf 150 °C vorheizen. Zwiebeln und Knoblauch schälen, in kleine Würfel schneiden und in etwas Olivenöl weich dünsten. Das Chilipulver, die fein gehackte Chilischote und den Kreuzkümmel zugeben und mit Salz und Pfeffer würzen. Das Hackfleisch hinzufügen und unter Rühren anbräunen. Die getrockneten Tomaten mit so viel Öl mixen, dass eine Paste entsteht. Diese zusammen mit den Dosentomaten, der Zimtstange und einem Glas Wasser zum Fleisch geben und abschmecken.

Das Chili zum Kochen bringen und den Deckel darauf setzen. Dann entweder die Temperatur reduzieren und 90 Minuten lang köcheln lassen oder ebenfalls ca. 90 Minuten im Backofen garen. Die Bohnen aus der Dose, die ja nur noch erwärmt werden müssen, 30 Minuten vor Ende der Garzeit zugeben.

Dieses Gericht schmeckt noch besser, wenn man es bereits am Vortag zubereitet hat. Chili con Carne ist praktisch, wenn man Freunde eingeladen hat. Sie wärmen es auf und servieren es mit frischem, knusprigem Weißbrot, einem leckeren Salat und einem dicken Klecks Naturjoghurt oder Guacamole.

Mein Lieblings-Curry

Dieses Curry werden Sie bestimmt mögen – die Zubereitung ist einfach und macht außerdem Spaß. Zunächst zwei kleine Tipps. Erstens: Zum Zerhacken der Zwiebeln und Tomaten sollten Sie einen Mixer oder eine Küchenmaschine verwenden, da das blitzschnell geht und Sie nicht zum Weinen bringt! Zweitens: Wenn Sie alle Zutaten vorbereiten, ist die Sauce innerhalb von 15 Minuten fertig. Halten Sie Ausschau nach Curryblättern – Sie bekommen sie in asiatischen Feinkostläden. In der Regel sind sie getrocknet. Nur in den Sommermonaten gibt es sie auch frisch. Wenn Sie wirklich nirgendwo Curryblätter bekommen, dann muss es eben ohne gehen – aber ganz dasselbe ist es nicht.

4 PORTIONEN

5 EL Öl • 2 TL Senfkörner • 1 TL Bockshornklee • 3 frische grüne Chilischoten, entkernt und fein geschnitten • 1 Hand voll Curryblätter • 2 daumengroße Stücke frischer Ingwer, geschält und grob gerieben • 3 Zwiebeln, geschält und in Würfel geschnitten • 1 TL Chilipulver • 1 TL Kurkuma • 6 Tomaten, klein geschnitten • 1 Dose Kokosmilch (400 ml) • Salz

FISCHVERSION

4 frische Schellfischfilets (je 250 g), ohne Haut und Gräten • 1 Klecks Tamarindenmus oder 1 TL Tamarindensirup • nach Belieben: 1 große Hand voll junger Spinat • nach Belieben: 1 gute Hand voll Koriandergrün, gehackt

HÄHNCHENVERSION

4 Hähnchenbrüste, in 1 cm breite Streifen geschnitten • 1 EL Korianderkörner, zerstoßen

VEGETARISCHE VERSION

800 g gemischtes Gemüse, in Würfel geschnitten (Kartoffeln, Zucchini, Paprika, Zwiebeln, Süßkartoffeln, Spinat, Mangold, Blumenkohl, Linsen, Bohnen … wie Sie möchten)

Das Öl in einer Pfanne erhitzen und die Senfkörner dazugeben. Warten, bis sie platzen, dann den Bockshornklee, die Chilischoten, die Curryblätter und den Ingwer zugeben. Ein paar Minuten lang unter Rühren anbraten. Die Zwiebeln ebenfalls in die Pfanne geben und fünf Minuten weiterbraten, bis sie leicht angebräunt und weich sind, dann Chilipulver und Kurkuma zugeben. Die zerkleinerten Tomaten ebenfalls in die Pfanne geben. Ein paar Minuten lang dünsten, danach ein bis zwei Gläser Wasser und die Kokosmilch zugießen. Fünf Minuten lang köcheln, bis das Ganze eine sehr sämige Konsistenz bekommen hat und vorsichtig salzen.

Diese Currysauce ist die Basis. Für das Fischcurry Fisch und Tamarinde in die Sauce geben und sechs Minuten köcheln lassen. Am Ende der Kochzeit können Sie nach Belieben noch etwas jungen Spinat und Koriandergrün hinzufügen. Für das Hähnchen-Curry die Hähnchenstreifen und Korianderkörner unter Rühren leicht anbräunen, dann in die Sauce geben und zehn Minuten köcheln lassen. Für das vegetarische Curry geben Sie gleich am Anfang zusammen mit den Zwiebeln auch alle anderen Gemüsesorten zur Sauce. Dann wie beschrieben verfahren und köcheln lassen, bis alles weich ist.

Zitronenreis

Schon immer hat mich interessiert, wie indische oder thailändische Köche ihren leckeren Reis zubereiten. Das hier ist eine tolle Möglichkeit, einfachen Reis aufzupeppen, aber gehen Sie doch noch einen Schritt weiter und fügen Sie Tamarinde hinzu, wie es mein indischer Freund Das tut. Oder verleihen Sie Ihrem Reis mit etwas Chilipulver die gewünschte Würze. Sie können auch geröstete Nussstückchen zugeben, verquirlte Eier unterrühren oder jede andere Idee oder Geschmacksvariante ausprobieren, die Sie für passend halten.

4 PORTIONEN

450 g Basmati-Reis • 5 EL Öl • 2 EL Senfkörner • 2 TL kleine getrocknete halbierte Erbsen (Urad Dhal) • 1 Hand voll Curryblätter • Schale und Saft von 2 unbehandelten Zitronen • 1 Bund Koriandergrün, fein gehackt • Meersalz und frisch gemahlener schwarzer Pfeffer

Den Reis in siedendes Wasser geben, zehn Minuten kochen und abgießen.

Das Öl in einer kleinen Pfanne auf mittlerer Flamme erhitzen. Die Senfkörner hineingeben und, wenn sie zu platzen beginnen, Urad Dhal, Curryblätter und Zitronenschale zugeben (diese mit einem Zestenreißer oder Sparschäler dünn von der Zitrone abnehmen). Eine Minute anbraten, bis die Erbsen und die Zitronenschale etwas Farbe angenommen haben.

Den abgegossenen, noch dampfenden Reis in eine Schüssel geben und die gerösteten Gewürze, den Zitronensaft und das Koriandergrün darüber geben. Abschmecken und zu einem leckeren Curry servieren (siehe Seite 32).

Koriander-Chutney

400 g Naturjoghurt • abgezupfte Blätter von 1 Bund
Koriandergrün • 2–3 Knoblauchzehen • 2–3 cm frischer Ingwer •
2 grüne Chilischoten, entkernt • Saft von ½ Limette • Salz

Alle Zutaten im Mixer zerkleinern und glatt rühren. In einem luftdicht verschlossenen
Gefäß hält sich das Chutney zwei bis drei Tage.

Zitronen-Pickle

2 TL Senfkörner • 2 EL Olivenöl • nach Belieben: 1 kleine Hand voll
Curryblätter • nach Belieben: 1 TL kleine getrocknete halbierte
Erbsen (Urad Dhal) • 1 TL Chilipulver • 4 EL Weinessig • 2 Zitronen,
gewaschen, entkernt und in Stücke geschnitten

Die Senfkörner im heißen Öl platzen lassen, Curryblätter und Erbsen zugeben. Die
Temperatur reduzieren, das Chilipulver zufügen und braun werden lassen, Essig
zugießen. Zitronenstücke einrühren, von der Kochstelle nehmen und abkühlen lassen.

Fischstäbchen-Sandwich

Als Koch habe ich immer das Gefühl, ich sollte so etwas wie ein Fischstäbchen-Sandwich gar nicht essen – aber wissen Sie was? Ich glaube, deshalb schmeckt es mir sogar noch besser. Also, ich mache es so:

Zuerst nehme ich vier Fischstäbchen aus dem Tiefkühlfach und grille sie unter dem Backofengrill auf jeder Seite goldbraun und knusprig. Inzwischen bestreiche ich zwei Scheiben schönes weiches Weißbrot oder ein helles Brötchen mit Butter und eine Scheibe zudem noch üppig mit Ketchup. Wenn die Fischstäbchen gar sind, lege sie auf die Brotscheibe mit dem Ketchup. Am wichtigsten ist es, dass man die andere Brotscheibe ganz fest darauf drückt. Aus welchem Grund auch immer, das Sandwich schmeckt dann noch besser. Und das war's auch schon – fertig!

Ich esse solche Sandwiches sehr gerne, während ich zu Hause herumspaziere. Dann werde ich von Jools immer ausgeschimpft, weil ich die ganze Wohnung vollkleckere. Auf dem Foto können Sie erkennen, dass ich das Sandwich mit einer Hand voll Rucola belegt habe. Das ist zwar nicht wirklich nötig, lässt es aber ein bisschen edler aussehen. Ich habe mich ein wenig geniert, dem Fotografen zu sagen, er solle ein Fischstäbchen-Sandwich fotografieren, deshalb habe ich ihm erzählt, es seien »Goujons von Seezunge auf Zitrone« – wie albern von mir! Man muss sich doch nicht schämen, Fischstäbchen zu essen, also ehrlich …

Sandwich mit überbackenen Würstchen

Jeden Morgen um sieben Uhr habe ich ein solches Brötchen auf dem Weg zum College in Westminster verspeist. Sie brauchen dazu drei einigermaßen passable Würstchen, die Sie grillen, bis sie auf allen Seiten knusprig und klebrig sind. Dann auf einen Teller geben, halbieren und auf den Grillrost legen. Gleichmäßig mit einer guten Hand voll geriebenem mildem Cheddar-Käse bestreuen und so lange unter dem Backofengrill backen, bis der Käse zerlaufen ist. Dann das Brötchen aufschneiden, beide Hälften mit Butter bestreichen und Brown Sauce (oder Curry-Ketchup) darauf geben. Mithilfe eines Messers die Würstchen mit dem geschmolzenen Käse auf eine Brötchenhälfte legen. Die andere Hälfte darauflegen und sofort essen!

Pancakes – Pfannkuchen auf amerikanische Art

Diese amerikanischen Pfannkuchen sind ganz große Klasse! Sie sind nicht hauch-dünn und seidig wie die französischen Crêpes, sondern wunderbar dick und flau-schig und gelingen auf Anhieb perfekt. Ganz, ganz, ganz einfach – Jools ist total verrückt danach!

2–4 PORTIONEN

3 große Eier • 120 g Weizenmehl • 1 gehäufter TL Backpulver • 140 ml Milch • 1 Prise Salz

Zuerst werden die Eier getrennt: Die Eiweiße wandern in eine Schüssel und die Eigelbe in eine andere. Dann Mehl, Backpulver und Milch zu den Eigelben geben und zu einem glatten, dicken Teig verarbeiten. Die Eiweiße mit dem Salz steif schlagen und unter den Teig heben – schon ist er fertig.

Eine beschichtete Pfanne auf mittlere Temperatur erhitzen. Etwas Teig hinein-gießen und ein paar Minuten lang backen, bis die gebackene Seite golden und fest aussieht. Jetzt die gewünschte Geschmackszutat (siehe unten) auf die noch nicht gebackene Oberseite geben, bevor Sie den Pfannkuchen mit einem Spatel lösen und wenden. Dann weiterbacken, bis auch die andere Seite goldbraun ist.

Sie können nach Belieben große oder kleine Pfannkuchen backen. Man kann sie mit Ahornsirup, Butter oder Crème fraîche servieren. Oder Sie versuchen es einmal mit

Maiskörnern frisch vom Kolben • knusprigem Frühstücksspeck oder Pancetta • Blaubeeren • Bananen • gedünsteten Äpfeln • geriebener Schokolade • allem anderen, was man sich nur vorstellen kann …

P.S.: Blaubeerpfannkuchen (oben) schmecken ja schon ganz gut, aber probieren Sie mal Maispfannkuchen! Verwenden Sie unbedingt frischen Mais. Die Blätter vom Maiskolben entfernen, mit dem Messer am Kolben entlang fahren und die Maiskörner ablösen. Die rohen Körner vor dem Wenden auf den Pfannkuchen streuen. Ich mag etwas gegrillten Speck auf meinen Maispfannkuchen und darüber noch ein paar Tropfen Ahornsirup. Das schmeckt fantastisch – ehrlich!

SCHNELLE KÜCHE In diesem Kapitel geht es um rasche und leckere Zubereitungsarten von Hähnchen, Steaks und Fisch. Ich mache Sie mit schnellem Braten und Grillen bekannt und zeige Ihnen meine Lieblingsmethode, das Backen im Alufolie-Päckchen. Erfunden habe ich diese Methode, als Jools und ich vor sechs Jahren nach London zogen. Wir lebten total beengt – unsere Küche war kaum größer als ein Schrank – und arbeiteten in unterschiedlichen Schichten. Jools sollte sich nicht von Fertiggerichten ernähren, und so kreierte ich für sie die fantastischen »Jamie-Oliver-Päckchen-Mahlzeiten«, wobei ich auf Alufolie zurückgriff. Ich bin verrückt nach Alufolie – die Leute müssen glauben, dass ich entweder einen Spleen habe, weil ich soviel davon verwende, oder dass mich die NASA sponsert.

In diesen Päckchen oder Taschen kann man alle Zutaten unterbringen. Das bedeutet, dass es keinen Abwasch gibt (man muss nur die Alufolie entsprechend entsorgen), zudem braucht man nicht viel Fett – ein wenig Olivenöl genügt – und schließlich kann man so ziemlich alles mit allem kombinieren. Das wirklich Tolle daran ist jedoch, dass das Fleisch oder der Fisch zusammen mit dem Gemüse und den Kräutern im selben Päckchen gebacken werden; das ergibt eine gesunde, natürliche Sauce, die super schmeckt. Die beiden Rezepte zum Backen in der Folie, die ich Ihnen im Anschluss vorstelle, sind zwar mit Hähnchen, Sie können aber auch Fisch, Nudeln oder Gemüse in der Folie backen.

Für Jools bereitete ich die Päckchen immer vor, bevor ich zur Arbeit ging, und schrieb z.B. »20 Minuten bei 200°C« außen auf die Folie. Jools kochte damals noch nicht so gerne, aber mit dem Backen der Folien hatte sie keinerlei Probleme.

Hähnchenbrust in der Folie mit Pilzen, Butter, Weißwein und Thymian

2 PORTIONEN

2 Hähnchenbrüste ohne Haut (je 200 g) • 1 Hand voll
getrocknete Steinpilze • 250 g gemischte Pilze, zerteilt •
1 Glas Weißwein • 2 EL Butter • 1 Hand voll frischer Thymian •
2 Knoblauchzehen, geschält und in Scheiben geschnitten

Da dieses Gericht für zwei Personen gedacht ist, bastele ich ein großes Päckchen, um alles darin unterzubringen. Verwenden Sie dazu Alufolie und legen Sie zwei Stücke übereinander (jedes etwa so lang wie ein großer Schuhkarton), dann knicken Sie drei Seiten nach oben (ca. 2 cm) und lassen eine Schmalseite offen.

Backofen auf 220 °C vorheizen. Alle Zutaten in einer Schüssel vermengen, einschließlich der Hähnchenbrüste, und mit dem Wein in das Päckchen füllen, auf die Hälfte mit den geknickten Rändern (die andere Hälfte der Alufolie vorher hochstellen). Dann die hochgestellte Folie als Deckel über das Päckchen klappen. Dabei darauf achten, dass die Folie nicht beschädigt wird. Das Päckchen auf allen Seiten gut verschließen und vorsichtig auf ein Backblech legen. Das Blech in der Mitte des vorgeheizten Backofens 25 Minuten lang backen.

Das Päckchen aus dem Ofen nehmen, auf einen großen Teller legen und die Folie erst am Tisch öffnen. Natürlich können Sie das Rezept variieren – probieren Sie es mal mit geraspelten Pastinaken, Räucherspeck und Rotwein.

Hähnchenbrust in der Folie mit weißen Bohnen, Lauch, Sahne und Majoran

2 PORTIONEN

ca. 10 Frühlingszwiebeln, geputzt und gewaschen •
2 Hähnchenbrüste ohne Haut (je 200 g) • 1 Dose weiße
Bohnen (400 g), gewaschen und abgetropft • 1 Knoblauchzehe,
geschält und in Scheiben geschnitten • 1 kleine Hand voll frische
Majoran- oder Oreganoblättchen • 1 kleines Glas Weißwein •
150 g Sahne oder Crème Double • Meersalz und
frisch gemahlener schwarzer Pfeffer

Da dieses Gericht für zwei Personen gedacht ist, bastele ich ein großes Päckchen, um alles darin zu backen. Verwenden Sie dazu Alufolie und legen Sie zwei Stücke übereinander (jedes etwa so lang wie ein Schuhkarton), dann knicken Sie drei Seiten nach oben und lassen eine Schmalseite offen.

Backofen auf 220 °C vorheizen. Die Frühlingszwiebeln in einem Topf mit siedendem Wasser in zwei Minuten bissfest garen. Abgießen und in einer Schüssel mit den anderen Zutaten, einschließlich der Hähnchenbrüste, vermischen. Zerdrücken Sie eine Hand voll Bohnen mit den Händen zu einer breiigen Masse. Gut würzen und mit der cremigen Sauce in das Alu-Päckchen füllen, und zwar auf die Hälfte mit den geknickten Rändern (die andere Hälfte der Alufolie vorher hochstellen, damit die Flüssigkeit nicht heraus läuft). Dann die hochgestellte Hälfte als Deckel über das Päckchen klappen. Darauf achten, dass keine Löcher entstehen. Verschließen Sie das Päckchen gut, knicken Sie die Ränder doppelt um und kontrollieren Sie alle Seiten auf Lecks. Das Päckchen vorsichtig auf ein Backblech schieben und bei hoher Temperatur eine Minute auf dem Herd anwärmen. Dann in der Mitte des vorgeheizten Backofens 25 Minuten lang backen.

Aus dem Backofen nehmen, auf einen großen Teller legen und die Folie erst am Tisch öffnen. Das Rezept kann ohne weiteres lecker variiert werden – mit gekochten neuen Kartoffeln, 1 EL Senf oder frischem Spinat.

Sirloin-Steak vom Rind mit Pak Choi, Sojasauce und Ingwer

2 PORTIONEN

2 Lenden- oder Hüftsteaks (je 250 g) • Meersalz und frisch
gemahlener schwarzer Pfeffer • 2 Pak Choi oder Bok Choi (oder
Spinat bzw. ein anderes grünes Blattgemüse) • 8 EL Sojasauce •
1/2 Knoblauchzehe, fein gehackt • 1 daumengroßes Stück
frischer Ingwer, geschält und fein gehackt • 1 Chilischote,
entkernt und fein gehackt • Saft von 1 Limette • 2 EL Olivenöl

Die Steaks in einer sehr heißen Pfanne medium oder nach persönlichem
Geschmack braten. Auf einen Teller legen und zwei Minuten ruhen lassen. Das
grüne Gemüse in siedendem Salzwasser weich kochen. Die noch heißen Steaks in
die Sojasauce legen und Knoblauch, Ingwer, Chili, Limettensaft und Olivenöl
darüber geben. Das Gemüse auf zwei Teller verteilen, die Steaks aufschneiden, auf
dem Gemüse anrichten und mit der Marinade beträufeln. Schmeckt fantastisch.

Steak-Sandwich

2 PORTIONEN

1 Ciabatta oder Baguette • Meersalz und frisch gemahlener
schwarzer Pfeffer • 1 Rumpsteak (300 g) • 2 frische
Rosmarinzweige, die Blätter abgezupft • natives Olivenöl extra •
Saft von 1 Zitrone • 1–2 EL Dijonsenf • 1 Hand voll Rucola
oder Brunnenkresse

Das Brot im Backofen ein paar Minuten lang bei 100 °C erwärmen. Würzen Sie das Steak und bestreuen Sie es mit dem Rosmarin. Schneiden Sie es quer zur Faser in zwei Scheiben, legen Sie jeweils eine Scheibe in einen Gefrierbeutel und klopfen Sie das Fleisch mit einem flachen, schweren Gegenstand, zum Beispiel einem Topf, einem Fleischklopfer, oder mit der Faust, bis jede Scheibe 1 cm dick ist. Mit dem Olivenöl einreiben, in eine sehr heiße Pfanne geben und auf jeder Seite eine Minute lang anbraten. Dann ist das Fleisch rosa, Sie können es aber nach Wunsch auch kürzer oder länger braten. Die Steaks auf einen Teller geben, mit dem Zitronensaft beträufeln und etwas ruhen lassen, während Sie das Brot längs durchschneiden und etwas Olivenöl über beide Schnittflächen träufeln. Nun das Brot mit einem großen Klecks Dijonsenf bestreichen, Steak und Rucola darauf legen und mit dem Bratensaft beträufeln. Zusammenklappen und sofort essen.

Gebackener Kabeljau mit Avocado, Garnelen, Sahne und Käse

2 PORTIONEN

natives Olivenöl extra • 2 Kabeljaufilets (je 250 g), ohne Haut und
Gräten • Meersalz und frisch gemahlener schwarzer Pfeffer •
1 kleine Hand voll frische Basilikumblätter • 1 Avocado, geschält,
halbiert, entsteint und in Spalten geschnitten • 150 g geschälte
Garnelen von guter Qualität, roh oder gekocht • 150 g Sahne
oder Crème Double • 150 g guter Cheddar-Käse

Heizen Sie den Backofen auf 220 °C vor. Eine Auflaufform oder einen Bräter mit
etwas Olivenöl auspinseln, die Fischfilets auf beiden Seiten würzen und hineinlegen. Basilikum, Avocado und Garnelen darauf geben. Mit der Sahne beträufeln und
den Käse darüber reiben. Auf der obersten Schiene des vorgeheizten Ofens 15 bis
20 Minuten lang backen, bis der Käse goldbraun ist und Blasen wirft. Mit Meersalz
und frisch gemahlenem schwarzen Pfeffer abschmecken. Servieren Sie dazu einen
grünen Salat. Schmeckt herrlich!

Gebratener Kabeljau mit Cocktailtomaten, Basilikum und Mozzarella

2 PORTIONEN

2 Kabeljaufilets (je 250 g), ohne Haut und Gräten • Olivenöl •
Meersalz und frisch gemahlener schwarzer Pfeffer • 2 Hand voll
rote und gelbe Cocktailtomaten, halbiert • 1 Hand voll frische
Basilikumblätter • 1 Kugel Mozzarella aus Büffelmilch, in dünne
Scheiben geschnitten • 1 Hand voll geriebener Parmesan

Backofen auf 220 °C vorheizen. Legen Sie die Kabeljaufilets in einen mit Öl bestrichenen Bräter oder eine Auflaufform. Mit dem Olivenöl beträufeln und würzen. Tomaten, Basilikum und Mozzarella auf die Filets geben. Den Parmesan darüber streuen, etwas Olivenöl darüber träufeln und auf der obersten Schiene des vorgeheizten Backofens etwa 15 bis 20 Minuten lang goldbraun backen.

Scharf angebratener Lachs mit Radicchio, Speck, Pinienkernen und Aceto balsamico

2 PORTIONEN

1 Radicchio, halbiert und in Streifen geschnitten •
8 sehr dünn geschnittene Scheiben geräucherter,
durchwachsener Speck (Bacon) • 1 Hand voll frische Majoran-
oder Basilikumblätter • 1 Hand voll Pinienkerne, geröstet •
natives Olivenöl extra • Aceto balsamico • Meersalz und frisch
gemahlener schwarzer Pfeffer • 2 Lachsfiletsteaks (je 250 g),
ohne Haut und Gräten

Eine Pfanne sehr heiß werden lassen und die Radicchiostücke hineinlegen. Auf jeder Seite etwa eine Minute lang anbräunen lassen, herausnehmen und in eine Schüssel geben. Den Speck in der Pfanne braten, herausnehmen und ebenfalls in die Schüssel geben. Majoran und geröstete Pinienkerne dazugeben und mit zwei bis drei Spritzern Olivenöl beträufeln. 2 bis 3 EL Aceto balsamico darüber gießen und nach Belieben abschmecken. Braten Sie den Lachs, bis das Fleisch in der Mitte rosa-glasig ist, auf jeder Seite etwa 2–3 Minuten, und servieren Sie den Fisch mit dem Radicchio und dem Speck.

Lachs mit Sahnemeerrettich und Roten Beten

2 PORTIONEN

2 Lachsfilets (je 250 g), ohne Gräten und 0,5 cm tief
eingeschnitten • Salz und frisch gemahlener schwarzer Pfeffer •
6–8 junge Rote Bete, weich gekocht und in Scheiben
geschnitten • 1 kleine Hand voll frische Majoranblätter •
natives Olivenöl extra • Aceto balsamico • 2 EL Crème fraîche •
2 EL fein geriebener Meerrettich • Saft von 1 Zitrone •
1 Hand voll Rucola oder Brunnenkresse

Die Lachsfilets mit der Haut nach unten in eine heiße beschichtete Pfanne legen,
und mit dem Spatel leicht nach unten drücken, damit sie sich nicht aufwölben.
Nach einer Minute sollten sie hellgolden sein. Die Filets wenden, mit Salz
bestreuen und dann 10 bis 15 Minuten unter den Backofengrill geben, bis sie
gerade gar sind. Mittlerweile die Roten Bete mit Majoran, etwas Olivenöl, Aceto
balsamico und den Gewürzen marinieren. Die Crème fraîche mit dem Meerrettich
vermischen und leicht mit Salz, Pfeffer und Zitronensaft abschmecken. Richten Sie
die Roten Bete und den Lachs auf Tellern an, streuen Sie Rucola darüber und
beträufeln das Ganze mit dem Sahnemeerettich.

KOCHEN SOLL SPASS MACHEN

Der Titel dieses Kapitels mag zwar auf etwas anderes schließen lassen, tatsächlich wendet es sich aber an Erwachsene. Kindern Freude am Essen und an Nahrungsmitteln zu vermitteln, ist der beste Weg, um kulinarische Kultur weiterzugeben. Zusammen mit Kindern hochwertige Zutaten einzukaufen, zu kochen und qualitativ gute Speisen zu genießen, ist enorm wichtig. Begeistern Sie Ihre Kinder für alle Aspekte des Essens – das macht ihnen Spaß und gleichzeitig lernen sie dabei etwas. Da ich (noch) keine Kinder habe, wurde dieses Kapitel nicht vom Vatersein inspiriert, sondern vielmehr von dem Kind, das ich selbst noch war, als ich mit dem Kochen begann. Es handelt von dem, was meine Aufmerksamkeit erregte und mich faszinierte. Wecken Sie das Interesse Ihrer Kinder – Sie werden es nicht bereuen!

Freunde von mir, die schon Kinder haben, schwören darauf, ihren Nachwuchs in der Küche mithelfen zu lassen. Ich finde, dass Eltern die Pflicht haben, ihre Kinder dazu zu erziehen, gutes Essen zu schätzen; zum anderen sollten man ihnen auch ein Gefühl dafür vermitteln, was sie überhaupt essen. In diesem Teil meines Buches geht es nicht darum, Ihnen zehn oder fünfzehn Rezepte vorzustellen und zu sagen: »Ach ja, die sind übrigens für Kinder«. Kinder können an jedem Rezept dieses Buches auf die eine oder andere Weise mitwirken – natürlich sind Dinge wie heißer Karamell, glühende Pfannen und scharfe Messer nichts für sie, aber es wird immer kleinere Arbeiten geben, die sie übernehmen können.

Kochen mit Kindern heißt eben nicht, eine Pizza mit einem lachenden Gesicht zu dekorieren, Igel-Plätzchen zu backen oder Speisen zu verzieren. Es bedeutet vielmehr Riechen, Berühren, Kreieren, Schmecken, Lachen und Essen. Ich stelle Ihnen einige Rezepte vor, die Kindern Spaß machen. Es handelt sich vor allem darum, die Aufmerksamkeit der Kleinen zu erregen und ihre Fantasie zu beflügeln. Ich glaube, sie werden Lust bekommen, sich auch den Rest des Buches anzusehen und alles zu kochen, was ihnen schmeckt – wenn nötig, mit ein wenig Hilfe der Eltern.

EINE HAND WÄSCHT DIE ANDERE

Wie immer, wenn es um Kinder geht, wird man sich bald in einer Situation befinden, in der man einen Handel abschließen muss. Als ich fünf Jahre alt war, ließen mich meine Eltern und die Köche unseres Pubs in der Küche mithelfen, damit ich eine Zeit lang Ruhe gab und ein paar kleinere Arbeiten für sie erledigte. Dafür erhielten meine Freunde und ich eine riesige Portion Eis oder ich wurde eine halbe Stunde lang beim Schaukeln angeschubst, bis mir schlecht wurde. Sie werden bald herausfinden, dass Abmachungen wie »Wenn du mir hilfst, die Erbsen aus den Schoten zu pulen, mache ich dir deinen Lieblingsnachtisch« Wunder wirken!

ERZIEHUNG

Gerade jene Speisen und Nahrungsmittel, die besonders für Kinder gedacht sind, sind meist ein Albtraum. Man braucht sich nur die Kindermenüs in den Restaurants anzusehen: Fischstäbchen, Hamburger und Würstchen. Ich kenne zwar viele Eltern, die behaupten: »Das ist das einzige, was mein Kind essen mag«, aber einige der besten Erfahrungen in meinem Leben – und nicht nur im Zusammenhang mit Essen – habe ich gemacht, weil man mich gezwungen hat, bestimmte Dinge zu tun oder auszuprobieren. Auf einer Italienreise sah ich eine Familie, die sich gegrillte Tauben schmecken ließ. Die kleinen Kinder nagten genüsslich an den Knochen. Dazu tunkten sie knusprige Polenta in eine würzige Tomatensauce und waren begeistert! Kinder lassen sich durchaus leckere Speisen schmecken, ohne sich um deren Farbe, Form oder Beschaffenheit zu kümmern. Es ist auch Sache der Eltern, den Genuss solcher Speisen zu einem wirklich aufregenden Ereignis werden zu lassen, z. B. durch Sprüche wie »Ist das nicht toll? Da hast du aber Glück, da wirst du groß und stark« (wie abgedroschen!). Auch eine entsprechende Körpersprache erfüllt meistens ihren Zweck; Lächeln und Ausrufe des Entzückens funktionieren ebenso. Meine Mum und mein Dad ermutigten meine Schwester und mich immer wieder, Speisen wie Krabben und Hummer zu probieren – und weil ich nur ja nichts verpassen wollte, griff ich tüchtig zu.

EINKAUFEN

Mit fünf Jahren nahm mich mein Dad bereits zum Einkaufen auf den Obst- und Gemüsemarkt mit. Ich war stolz darauf, wenn er sagte: »Na los, mein Junge, such´ mir die Kiste mit den besten Himbeeren. Probier´ sie und vergewissere dich, dass sie gut schmecken« –, was ich stets mit großer Konzentration tat. Er ließ mich Melonen befühlen, Äpfel kosten und an Kräutern schnuppern. Ich sagte ihm, was ich von dem jeweiligen Obst oder Gemüse hielt und ließ ihn ebenfalls probieren. Dann handelten wir gemeinsam einen Preis aus, packten alles in unseren Liefer-wagen und fuhren zum Pub zurück. Manchmal übertrieb mein Dad allerdings etwas, wenn er mir auftrug: »Geh zu dem Mann da drüben und sag ihm, dass sein Obst und Gemüse zu teuer ist und außerdem nichts taugt.« Was ich mit großer Überzeugung tat – mit dem Ergebnis, dass ich meine Beine in die Hand nehmen musste, um rasch aus der Markthalle zu entkommen!

Versuchen Sie also, die Kinder an Ihren Kaufentscheidungen teilhaben zu lassen – Kinder wollen ernst genommen und wie Erwachsene behandelt werden. Ihr Nachwuchs sollte Ihnen nicht einfach nur hinterherlaufen, während Sie die Waren im Einkaufswagen stapeln. Tragen Sie Ihren Kindern beispielsweise auf, eine Ananas auszusuchen und daran zu riechen, um festzustellen, ob sie schon reif ist. Kinder sind wie Schwämme – sie saugen Informationen auf und erinnern sich an alles. Unterhalten Sie sich mit ihnen, fragen Sie sie nach ihrer Meinung darüber, welcher Fisch gut aussieht oder welches Fleisch man kaufen sollte. Das macht großen Spaß, vor allem an Feinkostständen, wo man die verschiedensten Lebensmittel gleichzeitig kosten kann. Lassen Sie Ihre Kinder Parmaschinken probieren und fragen Sie sie, was sie davon halten. Gleichgültig, worum es sich handelt – man sollte Kinder beim Einkauf stets in irgendeiner Form teilhaben lassen und ihnen ernsthaft zuhören. Wenn Kinder feststellen, dass ihre Meinung zählt, dann wollen sie auch bei der Zubereitung der eingekauften Zutaten mitmachen.

DIE KINDLICHE FANTASIE ANREGEN

Als Kind war meine Begeisterung für Speisen noch nicht so ausgeprägt, weshalb es zunächst gar nicht danach aussah, als sei ich der geborene Koch. Da ich aber in einem Pub aufwuchs, bekam ich schon von klein auf viel von den verschiedenen Zubereitungsarten mit. Beim Kochen und Backen kann man Kinder auf die unterschiedlichsten Arten miteinbeziehen. Ich wollte meinen Augen nicht trauen, als ich sah, wie ein Teig zu doppelter Größe aufging! Er lebte – und ich war wie hypnotisiert! Das war doch verrückt – in vierzig Minuten war etwas doppelt so groß geworden wie zuvor. Ich war völlig fasziniert von dem gesamten Vorgang des Prüfens, Formens und Würzens.

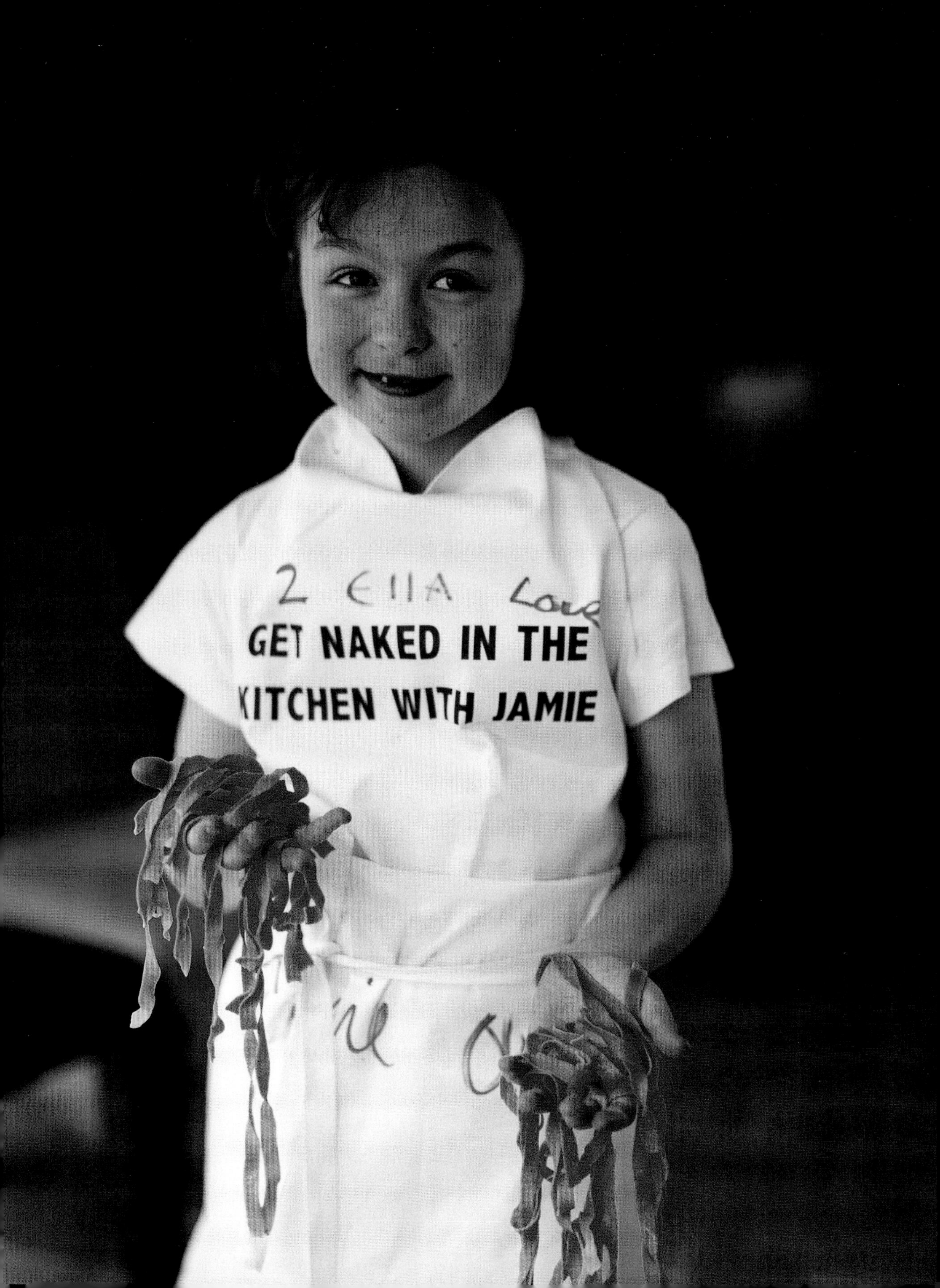
2 EllA
GET NAKED IN THE
KITCHEN WITH JAMIE

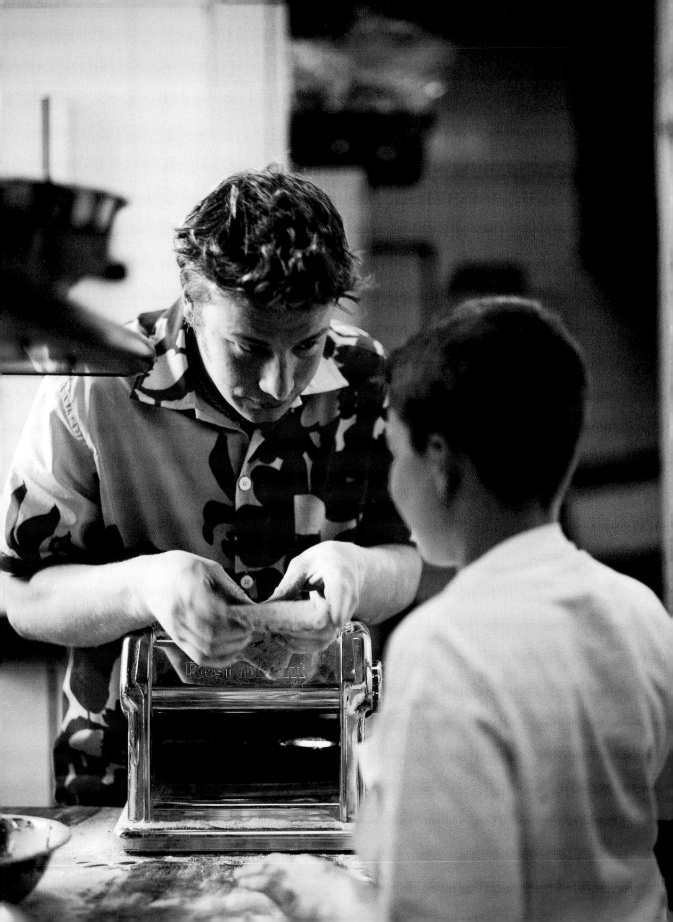

KOCHEN WOLLEN

Ich glaube, dass man den Kindern heute beim Kochen nicht genügend Verantwortung überträgt – vielleicht, weil die Eltern Angst haben, dass die Kinder zuviel schmutzig machen. Und dabei ist es so leicht: Bringen Sie ihnen bei, ein tolles Salatdressing in einem Marmeladenglas zu mixen – das schaffen sie bestimmt. Und danach dürfen sie den ganzen Salat zubereiten. Und bedanken Sie sich bei ihnen – dann werden sie noch viel mehr tun wollen. Manche Eltern sagen: »Heute koche ich mal mit den Kindern«, und dann backen sie mit ihnen Lebkuchenmännchen und ähnliches Zeug. Das ist o.k., aber versuchen Sie doch, die Kinder möglichst die ganze Zeit über mit einzubeziehen. Aber drängen Sie es ihnen nicht auf, sondern finden Sie ein ausgewogenes Verhältnis. Die Kinder sollten in der Lage sein, alle in diesem Buch aufgeführten Rezepte zuzubereiten. Wenn große Hitze, scharfe Messer und Küchenmaschinen, Plastikbeutel und Küchenfolie im Spiel sind, sollten Sie jedoch aufpassen. Das macht ja auch nichts, denn es gibt immer noch eine ganze Menge zu zerstampfen und zu rühren, zu zerkleinern und zu zerquetschen, zu schütteln, zu träufeln und zu schlagen.

Die folgenden Kochideen könnten Sie einmal mit Ihren Kindern ausprobieren:

Gewürze im Mörser zerstampfen • Oliven mit Hilfe des Lieblingsbechers auf einem Hackbrett zerdrücken, um die Kerne zu entfernen. Danach dürfen die Kinder die Kerne in den Becher werfen – und auf das Geräusch horchen • Öl über Fleisch, Fisch oder Salate gießen • Kräuter im Garten pflücken, daran riechen und sie über einen Salat oder ein Nudelgericht verteilen • Zitronen auspressen • Tomaten zerquetschen • Salatblätter trockenschleudern • Brotteig beobachten, wie er aufgeht • Kartoffeln zerstampfen usw...

FAMILIENSACHE

Erwachsene, die sich für gute Speisen begeistern, schwelgen häufig in Erinnerungen daran, wie gut ihre Mutter kochte. Als ich aufwuchs, wohnten wir über dem Pub und versammelten uns jeden Tag um halb fünf Uhr nachmittags zum gemeinsamen Essen. Das war der Zeitpunkt, an dem unsere ganze Familie zusammenkam und der, rückblickend betrachtet, ganz, ganz wichtig war. Wie schön, wenn sich alle um den Tisch versammeln, der Fernseher aus bleibt (natürlich nicht bei der Fußball-WM) und man einfach die gemeinsame Mahlzeit genießt.

Getrocknete Fruchtgummis

Anstelle von Süßigkeiten aus gekochtem Zucker bekommen die Kinder einiger meiner Freunde leckere getrocknete Aprikosen, Pflaumen, Pfirsiche, Ananas und Äpfel zum Naschen – und sind erstaunlicherweise total begeistert davon. Ich halte eine kleine Tüte voller Trockenfrüchte für vollkommen ausreichend, aber meine Freunde schneiden die Früchte noch so zu, dass sie Süßigkeiten ähnlich sehen.

Ich bereite von diesen »Fruchtgummis« normalerweise 500 g oder gleich ein ganzes Kilo zu. Man kann eine einzige Fruchtsorte oder Kombinationen wie Mango und Ananas oder Pfirsich und Aprikose verwenden. Ich jage die Trockenfrüchte ganz einfach durch den Mixer, verarbeite sie zu einem glatten Püree und löffle die Masse auf Backpapier oder gefettetes Butterbrotpapier. Mit einem Teigspachtel verstreiche ich den Früchtebrei zu einem Viereck, das etwa 0,5 cm dick ist und lege das Ganze auf ein Backblech. Normalerweise lasse ich das Fruchtpüree im Elektroherd bei 70 °C über Nacht trocknen. Wer es eiliger hat, lässt es ein paar Stunden lang bei 160 °C im Backofen – die Trockenzeit hängt davon ab, wie viel Feuchtigkeit die Früchte ursprünglich enthielten.

Nach dem Trocknen sollte die Fruchtschicht weich, aber fest sein – wie Weingummi. Aus dem Backofen nehmen, auf ein Brett legen, das Papier abziehen und die Masse in mundgerechte Stücke schneiden, in den verschiedensten Formen: Quadrate, Dreiecke, Kreise und Streifen. In einem luftdicht verschlossenen Glas aufbewahren. Füllen Sie die Fruchtgummis in Papiertütchen und stecken Sie sie zum Pausenbrot Ihrer Kinder. Die werden ihnen schmecken!

Lolly Pops – leckere Eislutscher

Meine Großeltern besaßen in Paglesham in Essex ein Dorfgasthaus namens Plough and Sail (Pflug und Segel). Als wir noch Kinder waren, schickten sie mir und meiner Schwester Anna-Marie alljährlich zu Beginn der Sommerferien einen riesigen Karton, der mit rund 200 Eislutschern gefüllt war. Die Eislutscher kamen mit den Lieferungen vom gemeinsamen Fleischer und wir bewahrten die Leckereien in der großen Kühltruhe im Lagerraum auf. Das war toll, denn es bedeutete, dass ich ständig Nachschub hatte und mich bedienen konnte, wann immer ich es wollte. Deswegen war ich bei den Kindern im Ort auch ziemlich beliebt. Das ging so weit, dass meine Vorräte sehr rasch schrumpften. So begann ich, meine eigenen Lutscher herzustellen.

Das Schöne daran war, dass meine Lutscher nicht tausende verschiedener »E«-Zusatzstoffe hatten, da ich sie aus Apfelsaft, Orangensaft, Limonade, Ananassaft, also aus allen möglichen Getränken fabrizierte. Ja, ich schlich mich sogar ins Pub, um etwas Apfelweinschorle für meine Lutscher zu stibitzen!

Alles, was Sie dafür kaufen müssen, sind ein paar Eislutscherformen. Die gibt es in den meisten Haushaltswarengeschäften und sie kosten nicht viel. Mit dem gewünschten Saft auffüllen, Stöckchen hineingeben und einfrieren. Die Lutscher sind einfach klasse, weil man etwas Kühles, Fruchtiges im Tiefkühlfach hat, wenn draußen brütende Hitze herrscht!

»Smush Ins« – Eiscreme mit Inhalt

Das Zubereiten von Eis mit Smush Ins ist einfach witzig (siehe die Fotos auf Seite 62/63). Ich erinnere mich noch gut daran, wie meine Schwester und ich als Kinder immer versuchten, das harte Eis in unseren Dessertschälchen zu einer cremigen, fast milchshakeartigen Masse zu verrühren, bevor wir das Ganze dann genussvoll schlürften. Als wir größer wurden, erkannten wir, dass man den Geschmack der eher simplen Eiscreme, die uns unsere Eltern auftischten, verbessern konnte, indem man die verschiedensten Zutaten darunter mischte.

Aus dem Wort »mush« (zu Brei stampfen) und dem Ausdruck »mushing it in« (in den Brei rühren) wurde »smush ins«, also Dinge, die man zwecks Geschmacksverbesserung unter das Eis mengt. Für uns Kinder war es das Höchste, im Supermarkt herumzustöbern und heimlich potenzielle Smush Ins in den Einkaufswagen zu schmuggeln. Alles eignete sich – vom Ahornsirup bis zu zerdrückten Schokoladestückchen, Meringen und Früchten – was es auch war, wir mischten es ins Eis! Weingummis sind nicht so gut geeignet, geschmolzene Schoko-Karamell-Riegel dafür aber umso mehr!

Man braucht lediglich eine große Packung Vanilleeis und eine Auswahl möglicher Smush Ins (als Anregung können die Abbildungen auf der folgenden Doppelseite dienen). Pro Person zwei große Kugeln Eiscreme auf einen großen Teller geben, die Geschmackszutaten darüber streuen oder träufeln und mit einem Spatel oder einer Gabel miteinander vermischen. In eine Schüssel oder eine Eistüte füllen.

Wenn mehrere Kinder versammelt sind, werden Smush Ins zum Hit! Sie machen Riesenspaß und eignen sich zudem ideal als kleine Bestechung, damit die Kinder auch beim täglichen Kochen helfen.

Schokokekse mit weicher Füllung

Ein tolles Rezept, um zusammen mit Kindern zu backen, denn es ist sehr einfach und macht viel Spaß, den oberen Teigkreis auf den unteren mit der Schokolade zu setzen und die Ränder sanft zusammenzudrücken, damit die Schokolade beim Backen nicht ausläuft. Die Teigmischung ist ziemlich trocken, aber keine Angst, die Kekse sollen ein wenig gesprungen und rustikal aussehen, so dass man eigentlich nichts falsch machen kann! Wenn man die Kekse schon kurz nach dem Backen knabbert, ist die Schokolade noch ziemlich flüssig, nach dem Erkalten ist sie jedoch schön fest. Sie benötigen zwei runde Ausstecher mit 4 und 5 cm Durchmesser.

FÜR 30 KEKSE

140 g Butter • 140 g Zucker • 2 Eigelbe • 250 g Mehl,
mit 5 g Backpulver vermischt • 30 g Kakaopulver •
30 Schokoladerippchen (z. B. Vollmilch- oder weiße Schokolade)

Ein großes Backblech fetten. Butter und Zucker schaumig rühren, die Eigelbe darunter schlagen, Mehl und Kakaopulver hinzufügen und alles zu einem festen Teig verrühren. Teig durchkneten und eine Zeit lang in den Kühlschrank legen. Backofen auf 190 °C vorheizen.

Auf einer leicht mit Mehl bestäubten Fläche etwa ein Drittel des Teigs dünn ausrollen und mit der kleineren Form etwa 30 Kreise ausstechen (wer größere Kekse ausstechen will, kann dies tun, es werden dann eben weniger). Die Kreise auf das Backblech legen und in die Mitte eines jeden ein Schokoladerippchen geben – wenn Sie eine geringere Anzahl größerer Kekse backen, entsprechend mehr Rippchen für jeden Keks verwenden, da die gesamte Schokolade aufgebraucht werden muss. Dann den übrigen Teig ausrollen (ich verwende auch die Reste des ersten Ausstechens und verknete sie noch ein wenig). Mit der größeren Form dieselbe Anzahl von Kreisen ausstechen, diese auf die Teigkreise mit der Schokolade legen und leicht drücken, damit die Ränder versiegelt sind und die Schokolade beim Backen nicht herauslaufen kann.

Im vorgeheizten Ofen zehn Minuten backen. Die Kekse können warm oder ausgekühlt gegessen werden.

Toffeetörtchen mit Schokoladenguss

Was ist eigentlich aus den guten alten Cupcake-Törtchen geworden, die in Tassen oder Bechern gebacken wurden? Als Kind war ich verrückt danach, und als ich mich mit einem Rezept für einen klebrigen Toffeepudding herumplagte, versuchte ich, dieses altbewährte Gebäck – das mir immer ein Lächeln auf's Gesicht zaubert – neu zu erfinden.

FÜR ETWA 12 STÜCK

30 g Sultaninen • 30 g getrocknete Aprikosen • 30 g Datteln •
1 TL Backpulver • 140 g Mehl, mit 3 g Backpulver vermischt •
30 g brauner Zucker • 1 EL Ahorn- oder Zuckerrübensirup •
1 großes Ei • 30 g zerlassene Butter • 140 ml heißes Wasser

SCHOKOLADENGUSS

40 g Butter • 40 g Zucker • 40 g Schokolade • 70 g Sahne
oder Crème Double

Backofen auf 200 °C vorheizen. Sultaninen, Aprikosen, Datteln, Backpulver und ein wenig Mehl (gerade soviel, dass die Früchte nicht an den Messern kleben bleiben) im Mixer zerkleinern und vermischen. Wer keinen Mixer besitzt, kann die Früchte auch ganz fein hacken. Diese Mischung mit dem braunen Zucker, dem Sirup, dem Ei und der zerlassenen Butter in einer Schüssel miteinander verrühren. Das sehr heiße Wasser und das restliche Mehl hinzufügen und mit einem Schneebesen vermischen. Die Mischung in zwölf Papierförmchen verteilen (ich stelle jeweils zwei Förmchen ineinander, damit die Masse etwas mehr Halt hat) und auf ein Backblech setzen. Im vorgeheizten Ofen rund 15 Minuten backen.

Inzwischen alle Zutaten für den Schokoladenguss in einem Topf schmelzen und eine Weile aufwallen lassen, bis die Sauce eine sichtlich dunklere Farbe bekommen hat. Von der Kochstelle nehmen und so weit abkühlen lassen, bis der Guss leicht eindickt. Einen Klecks davon auf jedes Törtchen geben.

Joghurt-Eis

Joghurt-Eis ist beinahe wie richtige Eiscreme, kann jede gewünschte Geschmacksrichtung haben und ist wirklich lecker und erfrischend. Und das Allerschönste: Die Zubereitung geht wirklich schnell, da man nichts rühren, schlagen oder einfrieren muss. Sie benötigen lediglich ein wenig Unterstützung Ihres guten alten Mixers und ein paar tiefgefrorene Früchte.

4–6 PORTIONEN

300 g Tiefkühl-Früchte (Erdbeeren, Himbeeren, Blaubeeren etc.) •
500 g Joghurt • 2 EL guter Honig • nach Belieben:
Eistüten oder Waffeln

Bevor Sie mit der Zubereitung beginnen, ist es wichtig, dass die Früchte tiefgefroren sind und der Joghurt direkt aus dem Kühlschrank kommt. Die Früchte herausnehmen und 30 Sekunden lang im Mixer zerkleinern, Joghurt und Honig zufügen und eine Minute lang glatt rühren. Jetzt kosten, ob die Mischung süß genug ist – normalerweise werden reife Früchte mit bestem Aroma tiefgefroren, so dass der Geschmack perfekt sein müsste. Falls nicht, einfach noch etwas Honig zugeben. Die Mischung sollte auf dem Löffel stehen bleiben – entweder sofort essen oder zugedeckt ins Gefrierfach stellen, wo sie sich ein paar Wochen lang hält. Das ist doch was, oder?

SALATE Sie denken sicher, es gäbe keine oder zumindest keine einigermaßen tollen Salate mehr, über die man noch ein Wort verlieren müsste – aber ganz im Gegenteil! Meine Vorliebe für knackige Blätter brachte mich auf ein paar fantastische Ideen, die auch Sie lieben werden. Salate passen immer – als Snack, mittags und zum Abendessen. Ich habe auch schon um zwei Uhr morgens noch einen leckeren Salat aus Speck, Rucola und Parmesan gemacht, dazu ein Dressing mit Aceto balsamico – und das mehr als einmal. Ich stelle Ihnen sechs Dressings vor, die Sie bestimmt begeistern werden – ein gutes Dressing macht aus einem langweiligen Eissalat, der nach fast gar nichts schmeckt, eine regelrechte Delikatesse.

Mein Freund Andy Slade ist Single. Neulich sagte er zu mir: »Du kannst es mir glauben, Ollie, ich ernähre mich jetzt gesund.« Ich fragte ihn: »Was meinst du, Andy?«, und sah mich in seiner Küche um, wo Herd und Waschmaschine noch immer originalverpackt waren. Er antwortete: »Na ja, ich bestelle mir jetzt immer eine Extraportion Salat zu meinem Döner.« Was soll ich sagen? Andy braucht Hilfe ... oder die Liebe und Zuneigung einer fürsorglichen Frau!

Andy

Ollie

Marinierter Mozzarella in Crème fraîche mit Zitrone und Majoran

Diesen Salat bereite ich gerne zu, weil er aus einer einfachen Kugel Mozzarella etwas ganz Besonderes macht. Er hat genügend Klasse, um mit ein wenig gehackter Tomate auf geröstetem Brot eine schöne Vorspeise oder Bruschetta abzugeben.

Vier Kugeln Mozzarella aus Büffelmilch in etwa 1 cm dicke Scheiben schneiden, auf einem großen Teller anrichten und mit einem Becher Crème fraîche (150 g) bestreichen. Mit Meersalz und frisch gemahlenem schwarzen Pfeffer würzen. Eine unbehandelte Zitrone waschen, mit einem Gemüseschäler dünn schälen, die Hälfte der Schale fein hacken und über den Mozzarella streuen. Eine Zitronenhälfte auspressen und den Saft darüber träufeln. Die andere Zitronenhälfte beiseite legen, um später, falls nötig, noch etwas Säure zufügen zu können. Eine Hand voll frische Majoranblätter darüber geben. Schmecken Sie den Salat nochmals ab, damit die Aromen ausgewogen sind.

Ein paar frische Chilischoten halbieren, entkernen und fein schneiden. Über den Mozzarella streuen, 4 EL gutes Olivenöl darüber träufeln, und den Salat allein oder als Beilage servieren. Reste können Sie einige Tage lang im Kühlschrank aufbewahren, sie schmecken auch auf einem Stück gebackenen Kabeljau großartig – probieren Sie es mal aus!

Der einfachste, sinnlichste Salat der Welt

Ich liebe diesen Salat! Abgesehen davon, dass die Kombination so gut schmeckt, ist seine Zubereitung unglaublich einfach – und solche Rezepte sind ganz nach meinem Geschmack. Das Geheimnis ist die perfekte Verbindung von salzigem Parmaschinken, mildem Mozzarella aus Büffelmilch und aromatischen reifen Feigen. Am besten eignen sich italienische Feigen, die von Juni bis August angeboten werden. An zweiter Stelle stehen griechische Feigen, die von September bis November Saison haben. Die besten Feigen erkennt man daran, dass sie so aussehen, als würden sie gleich aufplatzen. Ob grüne oder blaue Feigen – das spielt keine Rolle.

Rechnen Sie eine Feige pro Person. Ich schneide die Feigen am Stielansatz kreuzweise tief ein, aber nicht ganz bis zum Boden. Dann die Feigen mit Daumen und Zeigefinger unten zusammendrücken, so dass sie sich öffnen und das Innere der Frucht zu sehen ist. An dieser Stelle denkt man dann: »Oooh, das sieht aber hübsch aus, das war eine gute Idee von mir ...« – also, zumindest ich denke so etwas. Wichtiger ist jedoch, dass das Dressing nun in die Mitte der Feige gelangen kann. Es sind solche Kleinigkeiten, die aus einem Salat etwas ganz Besonderes machen. Setzen Sie die Feigen in eine flache Schale, umwickeln Sie jede Frucht mit einer Scheibe Parma- oder anderem luftgetrockneten Schinken, verteilen Sie dazwischen ein paar Mozzarellastücke, streuen Sie etwas grünes oder rotes Basilikum darüber und beträufeln Sie das Ganze mit dem Honig-Zitronensaft-Dressing von Seite 115, in das Sie noch 2 EL Balsamico mischen können. Dieser Salat ist wirklich sexy – falls man bei einem Salat überhaupt von sexy sprechen kann.

P.S.: Servieren Sie etwas Brot dazu, um das leckere Dressing aufzutunken – es wäre schade darum.

Zucchinisalat mit Minze, Knoblauch, rotem Chili, Zitrone und Olivenöl

4 PORTIONEN

Ein ungewöhnlicher Salat, der aber einfach zuzubereiten ist. Er passt zu Mozzarella oder Ziegenkäse, zu rohem Schinken, gegrilltem oder gebratenem weißem Fisch, zum Beispiel Kabeljau oder Schellfisch, ja sogar zu Hähnchen oder Schweinefleisch. Verwenden Sie nur Zucchini, die fest und nicht zu groß sind. Vier Zucchini der Länge nach in möglichst feine Scheiben schneiden (mit dem Gemüsehobel oder der Brotschneidemaschine). Rösten Sie die Scheiben in der Pfanne oder unter dem Backofengrill, bis sie auf beiden Seiten angebräunt sind. Dann die Zucchinischeiben auf einem großen Teller verteilen. Achten Sie darauf, dass sie nicht übereinander liegen, da sie sonst weiterdünsten und schlapp werden – glauben Sie mir, es gibt nichts Schlimmeres als schlappe Zucchini! Würzen Sie das noch lauwarme Gemüse mit etwas Meersalz und frisch gemahlenem schwarzem Pfeffer.

Nun eine rote Chilischote entkernen und fein hacken. Eine halbe Knoblauchzehe fein hacken und Chili und Knoblauch gleichmäßig über die Zucchini streuen. (Würzen Sie nach Belieben, aber denken Sie daran, dass Schärfe und Geschmack von Chili und Knoblauch durch die Beigabe von Olivenöl und Zitronensaft nachlassen.)

Streuen Sie eine Hand voll frische Minze darüber und träufeln Sie feines Olivenöl und etwas Zitronensaft über das Ganze. Ich persönlich gebe auch noch ein paar blanchierte dicke Bohnen oder Erbsen dazu, wenn ich gerade welche zur Hand habe. Dieser Salat ist immer lecker.

P.S.: Sind noch Reste übrig? Dann braten Sie Fischfilets (zum Beispiel Kabeljau, Schellfisch oder Barsch) auf den Zucchini. Schmeckt toll mit gedünstetem Reis und gewürztem Joghurt.

Japanischer Gurkensalat mit Ingwer, Koriander, Minze und Reisweinessig-Dressing

4 PORTIONEN

Im Supermarkt gibt es neuerdings kleine, zarte Gurken, die etwa nur ein Drittel so groß wie herkömmliche Salatgurken sind. Ich mag diese Gurken sehr gerne, weil sie etwas fester sind und sich ideal für diesen fernöstlichen Salat eignen. Drei Gurken waschen und der Länge nach mit dem Gemüsehobel, der Brotschneidemaschine oder dem Kartoffelschäler fein aufschneiden. Sie brauchen wirklich sehr feine Gurkenstreifen. Diese auf einem Teller ausbreiten, etwas zerpflückte frische Minze und Koriandergrün darüber streuen und großzügig mit dem Dressing aus Ingwer und Reisweinessig (S. 115) beträufeln.

Warmer Rucolasalat

Ein warmer Salat kann entweder wunderbar aufregend oder aber eine völlige Katastrophe sein. Bevor man ihn auf den Teller gibt, muss man seine hungrigen Gäste schon um den Tisch versammeln. Sobald sie Platz genommen haben, werden die warmen Zutaten mit den Rucolablättern vermischt. Zack, zack, zack auf den Teller – und schon steht er vor ihnen.

Zwei mittelgroße rote Zwiebeln schälen und vierteln, die Viertel halbieren, so dass jede Zwiebel in acht Stücke geteilt ist. Eine Bratpfanne erhitzen und acht dünne Scheiben durchwachsenen Räucherspeck (Bacon) knusprig braten. Den Speck herausnehmen, ein paar Spritzer Olivenöl in die Pfanne geben und vier Thymianzweige, die Zwiebeln und eine gute Hand voll Pinienkerne sowie eine Prise Salz zufügen. Vermischen und etwa fünf Minuten bei mittlerer Hitze braten, bis die Zwiebeln braun (nicht schwarz!) sind. Den Speck wieder in die Pfanne geben, vermengen und alles mit vier großen Händen voll Rucola oder anderen Salatblättern in eine Schüssel geben. Großzügig mit Aceto balsamico beträufeln – wenn sich der Essig mit dem Olivenöl vermischt, entsteht ein ganz einfaches Dressing. Mit dem Kartoffelschäler Parmesan darüber raspeln, servieren und sofort genießen.

Japanischer Daikon-Salat mit Kresse und Zitronen-Dressing

Dieser Salat wird mit japanischen Daikons zubereitet, einer Art asiatischer Rettiche. Sie sind knackig, schmecken leicht senfartig und sind meist in Asienshops erhältlich.

Den Daikon schälen und längs mit einem Kartoffelschäler oder Gemüsehobel in dünne Scheiben schneiden. Dann jeweils vier oder fünf Scheiben auf ein Küchenbrett legen und längs mit dem Messer in Streifen schneiden, etwa wie Tagliatelle – keine Sorge, die Streifen müssen nicht gleich breit sein. Wenn man die Daikons in Streifen schneidet, haftet das Dressing besser.

Die Streifen in einer Schüssel mit drei Packungen abgeschnittener Kresse vermischen. Mit dem Dressing aus gegrillter Zitrone und Crème fraîche (Seite 114) anmachen und abschmecken. In Japan werden übrigens feine Mangostreifen, rohe Seebarben und Jakobsmuscheln in diesen Salat gegeben – ich liebe das, denn das Dressing mildert den Fischgeschmack etwas und verleiht dem Salat eine sämige Konsistenz und einen großartigen Geschmack. Probieren Sie es einmal aus!

Avocado-Salat mit Frühlingszwiebeln, Koriander, Chili und gerösteten Mandeln

4 PORTIONEN

Über diesen Salat gibt es nicht viel zu sagen, außer, dass er sehr gut schmeckt. Ich hatte einen echten Geistesblitz, als ich in meinen fast leeren Kühlschrank schaute und dann diesen Salat zustande brachte. Der Salat schmeckt auch lecker mit kaltem Brathähnchen, vor allem in einem Pittabrot.

Geben Sie ein paar Hand voll blanchierte ganze Mandeln mit einer winzigen Menge Olivenöl in eine feuerfeste Form oder Pfanne. Rösten Sie die Mandeln im Backofen oder auf dem Herd goldgelb. Welche Methode Sie auch wählen, behalten Sie die Mandeln im Auge, damit nichts anbrennt. Mit Salz, Pfeffer und etwas getrocknetem roten Chili würzen und beiseite stellen. Sie brauchen zudem drei oder vier Avocados, die Sie halbiert, geschält und entsteint haben. Zerteilen Sie die Avocados in mundgerechte Stücke, legen Sie sie in eine Schüssel und streuen Sie vier bis fünf fein geschnittene Frühlingszwiebeln und nach Belieben fein geschnittene frische grüne Chilis darüber. Geben Sie zuletzt noch eine Hand voll frisch geschnittenes Koriandergrün dazu. Dann die Mandeln und viel dickes Senf-Dressing (Seite 114) darüber geben. Mit Salz und Pfeffer abschmecken.

Toskanischer Salat mit Artischocken, Rucola und Parmesan

4 PORTIONEN

Mit frischen Artischocken ist dieser Salat ein besonderer Genuss. Sie benötigen pro Person eine Artischocke. Wie Sie die Artischocken vorbereiten, wird auf den Seiten 218–219 gezeigt (mit Fotos). Reiben Sie die vorbereiteten Artischocken mit einer Zitrone ab, um sie vor dem Verfärben zu schützen. Die Artischocken fein aufschneiden, einen guten Schuss Zitronensaft und etwas Olivenöl darüber geben, mit Salz und Pfeffer abschmecken und eine große Hand voll Rucola zufügen. Alles in einer Schüssel vermischen und reichlich Parmesanspäne darüber streuen. Ich genieße diesen Salat am liebsten als Vorspeise beim Abendessen. Rohe Artischocken sind sehr gesund.

Artischockensalat mit rosa Grapefruits, Frisée und Pecorino

4 PORTIONEN

Für dieses Rezept können Sie auch eingelegte Artischockenherzen verwenden, um Zeit zu sparen. Wenn Sie ihn mit frischen Artischocken zubereiten möchten: Acht Artischocken in einen großen Topf mit Salzwasser legen, zum Kochen bringen und etwa 15 Minuten garen (die Zeit hängt von der Größe der Artischocken ab), bis sich die Artischockenböden mit einem Gemüsemesser leicht einstechen lassen. In einem Sieb unter fließendem Wasser ein paar Minuten abtropfen und abkühlen lassen. Inzwischen zwei Grapefruits filetieren und den Saft auffangen (siehe unten). Filets und Saft mit einer Hand voll goldgelb gerösteter Mandeln in eine Schüssel geben. Die grünen Außenblätter der Artischocken entfernen, bis die weichen, zarten gelben Blätter zum Vorschein kommen. Mit einem scharfen Messer Ober- und Unterteil der Artischocken abschneiden, bis nur noch die weichen Herzen übrig sind. Diese halbieren und mit einem Löffel das »Heu« entfernen. Die Artischocken zu den Grapefruits und Mandeln geben. Mit dem Honig-Zitronen-Dressing (Seite 115) beträufeln. Drei große Hand voll Frisée hinzufügen und alles vermischen. Mit einem Gemüseschäler etwas Pecorino darüber hobeln und sofort servieren.

Warmer Brotsalat mit knusprigem Speck, Parmesan und pochiertem Ei

4 PORTIONEN

1 Ciabatta • natives Olivenöl extra • 1 Knoblauchzehe, geschält
und geschnitten • Meersalz und frisch gemahlener schwarzer
Pfeffer • 12 dünne Scheiben durchwachsener Räucherspeck
(Bacon) • Saft von 1 Zitrone • 4 große Bio-Eier (ganz frisch) •
3 große Hand voll Rucola • 1 Eichblattsalat •
100 g Parmesan im Stück

Backofen auf 200 °C vorheizen. Die Ciabatta-Krusten abschneiden und das weiche Brot in fingergroße Stücke zerpflücken. Auf ein Backblech legen, mit etwas Olivenöl beträufeln und mit dem Knoblauch und den Gewürzen vermischen. Zehn Minuten knusprig backen, dann Speck auf das Brot legen und weitere fünf Minuten backen, bis der Speck ebenfalls knusprig ist. Den Zitronensaft mit 8 EL Öl vermischen und würzen. Einen großen Topf Wasser zum Kochen bringen.

Salatblätter, Speck und Brot mit dem Dressing vermischen und auf vier Tellern anrichten. Wenn das Wasser kocht, die aufgeschlagenen Eier mit Hilfe einer Schöpfkelle hineingleiten lassen. Damit die pochierten Eier gelingen, müssen sie wirklich ganz frisch sein. Wenn Sie sie weich mögen, lassen Sie sie vier Minuten lang, sonst nach Belieben noch länger kochen. Auf jeden Salatteller ein Ei geben und mit einem Gemüseschäler Parmesan darüber hobeln. Lecker!

Der beste Nudelsalat

4 PORTIONEN

300 g kleine muschelförmige Nudeln (Gnobetti) •
3 Knoblauchzehen • je 250 g gelbe und rote Cocktailtomaten •
1 Hand voll schwarze Oliven, entsteint • 2 EL frischen
Schnittlauch • 1 Hand voll Basilikumblätter • ½ Gurke •
4 EL Weißweinessig • 7 EL natives Olivenöl extra • Meersalz
und frisch gemahlener schwarzer Pfeffer

Einen großen Topf Salzwasser zum Kochen bringen. Die Pasta mit dem Knoblauch hineingeben, etwa fünf Minuten al dente kochen, abgießen und unter kaltem Wasser abkühlen lassen. Den Knoblauch beiseite legen – Sie brauchen ihn noch für das Dressing. Die Pasta in eine Schüssel geben. Tomaten, Oliven, Schnittlauch, Basilikum und Gurke in kleine Stücke hacken (etwa halb so groß wie die Nudeln) und mit der Pasta vermischen. Die Knoblauchzehen schälen und im Mörser zerdrücken. Essig, Öl und Gewürze zufügen. Das Dressing über den Salat geben und nach Belieben abschmecken.

Kräuteressig-Knoblauch-Dressing

3 Knoblauchzehen, ungeschält und weich geröstet oder gekocht •
6 EL Olivenöl • 1 gehäufter TL Dijonsenf • 3 EL roter oder
weißer Kräuteressig • Meersalz und frisch gemahlener
schwarzer Pfeffer

Den Knoblauch aus der Schale drücken, zerdrücken und in einer Schüssel
mit den anderen Zutaten vermischen.

Crème-fraîche-Zitronen-Dressing

1 große Zitrone, halbiert • 3 EL Olivenöl • 3 EL Crème fraîche
oder Mayonnaise • 2 gehäufte TL Dijonsenf • Meersalz,
frisch gemahlener schwarzer Pfeffer und Sojasauce

Die Zitronenhälften fünf Minuten in einer Pfanne anbräunen, bis sie
weich sind. Den Saft in eine Schüssel pressen. Die restlichen Zutaten zufügen,
vermischen und nach Belieben abschmecken.

Dickes Senf-Dressing

6 EL natives Olivenöl extra • 2 gehäufte EL Dijonsenf •
1 gehäufter EL grober Senf • 2 EL Weißweinessig • Meersalz und
frisch gemahlener schwarzer Pfeffer

Alles in einer Schüssel vermischen und nach Belieben abschmecken.

Honig-Zitronen-Dressing

6 EL natives Olivenöl extra • 3 EL Zitronensaft • 1 EL Honig •
Meersalz und frisch gemahlener schwarzer Pfeffer

Alles in einer Schüssel vermischen und nach Belieben abschmecken.

Ingwer-Reisweinessig-Dressing

6 EL Olivenöl • 3 EL Reisweinessig • 1 TL Zucker •
1 daumengroßes Stück Ingwer, geschält und fein gerieben •
1 Zitronengrasstängel, die äußeren Blätter entfernt,
die inneren fein gehackt • Meersalz und frisch gemahlener
schwarzer Pfeffer

Alles in einer Schüssel vermischen und nach Belieben abschmecken.

Pinienkern-Basilikum-Dressing

½ Knoblauchzehe, geschält und fein zerstoßen •
1 gute Hand voll Basilikumblätter, zu einer Paste zerstoßen •
1 kleine Hand voll geröstete Pinienkerne, in kleine Stücke
zerstoßen • 3 EL Aceto balsamico • Meersalz und frisch
gemahlener schwarzer Pfeffer

Alles in einer Schüssel vermischen und nach Belieben abschmecken.

Gennaro

Locke

Mauro

PASTA Gleichgültig, was ich tue, wohin ich gehe oder wen ich treffe, ich stehe total auf Pasta. Deshalb habe ich ein paar kleine Nudelgerichte zusammengestellt, die Sie als Hausmannskost ebenso wie zu einem Abendessen mit Gästen servieren können. Ich habe hauptsächlich fertige Teigwaren verwendet – das ist bequem und preiswert. Lassen Sie sich nicht einreden, frische Nudeln seien die besten – sie sind nur anders. Frische Pasta passt eher zu Sahne- oder Buttersaucen, trockene zu solchen, die auf Tomaten und Olivenöl basieren. Wenn Sie aber doch Lust auf frische Pasta haben, schauen Sie einfach in meinem anderen Buch nach.

Spaghetti mit Cocktailtomaten, Majoran und Olivenöl

Mit sonnengereiften Tomaten ist dieses Rezept einfach super. Ein warmes Gericht, das sich jedoch auch als kalter Salat für Picknicks eignet.

4 PERSONEN

450 g Spaghetti (Spaghettini oder Linguine) • 300–400 g Cocktailtomaten, rot und gelb • 2 gute Hand voll frische Majoran- oder Basilikumblätter • 6–8 Spritzer bestes Olivenöl • 1 Knoblauchzehe, geschält und fein geschnitten • 1 EL Weiß- oder Rotweinessig • Meersalz und frisch gemahlener schwarzer Pfeffer

Die Pasta in einen großen Topf siedendes Salzwasser geben und nach den Angaben auf der Packung al dente kochen. Inzwischen die Tomaten halbieren und zusammen mit den Kräutern, dem Olivenöl, Knoblauch und Essig in eine große Schüssel geben und abschmecken. Mit den Händen vermischen und dabei die Tomaten leicht drücken. Ruhen lassen, bis die Pasta gar ist. Diese abgießen und noch heiß mit den Tomaten vermischen, falls erforderlich nachwürzen und servieren. Leicht und lecker!

Spaghetti mit Salami, Fenchel und Tomaten

4 PORTIONEN

natives Olivenöl extra • 140 g pikante italienische Salami, in
Scheiben geschnitten • 2 Knoblauchzehen, geschält und fein
geschnitten • 1 TL Fenchelsamen • 1 Fenchelknolle, halbiert und
in feine Scheiben geschnitten, das Fenchelgrün gehackt •
2 Dosen Tomaten (je 400 g) • nach Belieben 1 getrocknete
Chilischote, zerbröselt • Meersalz und frisch gemahlener
schwarzer Pfeffer • 450 g Spaghetti oder Linguine • 2 Hand voll
Brotbrösel • nach Belieben 1 Zweig frischer Rosmarin

Zwei gute Spritzer Olivenöl in eine Pfanne geben. Salami und geschnittene
Knoblauchzehen zufügen. Die Fenchelsamen im Mörser oder mit dem Messer
leicht zerdrücken und ebenfalls in die Pfanne geben. Eine Minute bei schwacher
Hitze anbraten – das Fett sollte aus der Salami austreten und diese leicht knusprig
werden. Die Fenchelscheiben zugeben, umrühren, die Pfanne zudecken und die
Temperatur auf mittlere Hitze erhöhen. Fünf Minuten lang dünsten, dann die Tomaten
aus der Dose und nach Belieben etwas getrockneten Chili einstreuen. 25 Minuten
schwach kochen, bis die Mischung eingedickt ist. Nach Belieben würzen.

Die Pasta in einem großen Topf mit siedendem Salzwasser al dente kochen (die
Kochzeit auf der Packung nachlesen). In der Zwischenzeit stelle ich die knusprigen
Brotbrösel (Pangritata) her, die diesem Gericht Struktur und Biss verleihen: Ich
schneide die Krusten von altem Brot ab und zerkleinere sie im Mixer, bis sie
bröselig sind. Die Brösel mit 4 oder 5 EL Olivenöl knusprig rösten. Manchmal gebe
ich auch ein paar Rosmarinzweige dazu – das gibt ein würziges Aroma. Wenn die
Pasta gar ist, abgießen und sofort mit der Tomatensauce vermischen. In einer
großen Schüssel servieren und mit dem Fenchelgrün und den knusprig-goldenen
Bröseln bestreuen. Sofort essen und dazu ein Glas guten Rotwein trinken. Das
Ganze ist ziemlich üppig, aber sehr, sehr lecker.

P.S.: In der Toskana habe ich ein paar ähnliche Nudelgerichte gegessen. Manchmal wurde auch tatsächlich Wurst oder luftgetrocknete Salami dazu verwendet. Eine kräftige, herzhafte Pasta, die durch den Fenchel frischer und feiner wird.

Eine Art Spaghetti Bolognese

Soweit ich weiß, hat kein italienischer Koch eine wirkliche Vorstellung von dem, was wir Spaghetti Bolognese nennen. In jeder italienischen Region wird aber eine eigene »Ragù«-Sauce zubereitet, in der man oft Reste von Schmorfleisch oder Wildbret verarbeitet. Es lohnt sich, Rindfleisch vom Kamm zu kaufen und selbst zu Hackfleisch zu verarbeiten. Ecco – hier ist meine Version!

4 PORTIONEN

10 dünne Scheiben durchwachsener Räucherspeck (Bacon) •
1 Hand voll Rosmarin, die Blätter abgezupft und grob gehackt •
Olivenöl • 1 große Zwiebel, fein gehackt • 3 Knoblauchzehen,
fein gehackt • 450 g Rindfleisch vom Kamm, durch den
Fleischwolf gedreht, oder erstklassiges Hackfleisch •
1 Glas Rotwein • 1 gestrichener TL getrockneter Oregano •
1 Dose Tomaten (400 g) • 1 Tube Tomatenmark (200 g) oder
1 kleines Glas sonnengetrocknete Tomaten, fein gehackt •
Meersalz und frisch gemahlener schwarzer Pfeffer •
450 g Spaghetti • 1 Hand voll frisches Basilikum • 2 Hand
voll Parmesan oder Cheddar-Käse, gerieben

Backofen auf 180 °C vorheizen. In einer großen Pfanne, die auch in den Backofen passt, Speck und Rosmarin in etwas Olivenöl goldgelb anbraten. Zwiebeln und Knoblauch zugeben und weitere drei Minuten anschmoren, dann das Hackfleisch zufügen. Unter Rühren zwei bis drei Minuten weiterbraten und dann den Wein zugießen. Die Flüssigkeit leicht reduzieren, dann Oregano, alle Tomaten und das Tomatenmark zugeben. Mit den Gewürzen gut abschmecken, zum Kochen bringen, mit Pergamentpapier oder einem Deckel verschließen und 90 Minuten in den vorgewärmten Backofen stellen. Gegen Ende der Backzeit die Spaghetti in einem großen Topf mit sprudelndem Salzwasser nach Packungsanweisung al dente kochen. In einem Sieb abtropfen lassen.

Kurz vor dem Servieren noch etwas frisches, zerkleinertes Basilikum in die Sauce geben. Zu den Spaghetti servieren und mit geriebenem Parmesan oder kräftigem Cheddar-Käse bestreuen. Ein grüner Salat passt ebenfalls gut dazu.

Honeymoon-Spaghetti

Ich lernte dieses Gericht im Hotel St. Pietro in Positano kennen, wo Jools und ich eine Woche lang »geflittert« haben.

4 PORTIONEN

1 Hummer (ca. 1,5 kg) • 2 Knoblauchzehen, gehackt • 1 frische, rote Chilischote, entkernt und fein geschnitten • 30 g Butter • 1 EL Olivenöl • 450 g frische Miesmuscheln, abgebürstet • 120 g Tintenfisch, in Stücke geschnitten • 170 g Riesengarnelen (oder eine kleinere Garnelenart), geschält • 450 g Spaghetti, al dente gekocht • 1 Hand voll glatte Petersilie und Majoran, grob gehackt • 1 verquirltes Ei

FÜR DIE SAUCE:

1 EL Olivenöl • 3 Knoblauchzehen, grob gehackt • 1 frische, rote Chilischote, fein gehackt • 2 Dosen (je 400 g) Tomaten • Meersalz und frisch gemahlener schwarzer Pfeffer

Backofen auf 180°C vorheizen. Den Hummer 15 Minuten in siedendem Wasser kochen. Nach dem Abkühlen das Fleisch auslösen, in kleine Stücke zerteilen und alle Schalenreste entfernen. Zur Zubereitung der Sauce die Schalen und Scheren mit Knoblauch und Chili in Olivenöl anbraten. Die Schalen zerstoßen. Tomaten und ein großes Glas Wasser zugeben und eine Stunde köcheln lassen. Durch ein Sieb streichen, würzen und beiseite stellen.

Knoblauch und Chili aus der Hauptzutatenliste in der Butter und im Olivenöl kurz anbraten. Temperatur erhöhen und Miesmuscheln, Tintenfisch und Garnelen zugeben, zwei Minuten lang kochen. Von der Kochstelle nehmen und alle Muscheln, die sich nicht geöffnet haben, aussortieren. Tomatensauce, die gekochten Spaghetti, das Hummerfleisch und die Kräuter zufügen und alles vermischen.

Backpapier (60 x 120 cm) zur Hälfte falten und wieder öffnen. Dann die Mischung auf der einen Hälfte in der Mitte verteilen und alle Ränder mit Ei bepinseln. Die beiden Seiten zusammenklappen und die Ränder doppelt umbiegen. Das Päckchen auf ein Backblech schieben und im vorgeheizten Backofen etwa zehn Minuten backen, bis es sich wie ein Ballon aufbläht. Sofort servieren.

Penne Carbonara – ganz klassisch

So sollte diese Pasta zubereitet werden: einfach, schnell und billig – viel Spaß!

4 PORTIONEN

450 g Penne • 10 Scheiben Pancetta oder luftgetrockneter Speck •
Olivenöl • 5 Eigelbe von Bio-Eiern • 100 g Sahne oder Crème
double • 125 g Parmesan, gerieben • Salz und frisch gemahlener
schwarzer Pfeffer

Kochen Sie die Penne in siedendem Salzwasser nach Packungsanweisung al
dente. Während die Pasta gart, den Speck in etwas Öl knusprig braten. Ein wenig
zerteilen und dann beiseite stellen. Verquirlen Sie in einer Schüssel Eigelbe, Sahne
und die Hälfte des Parmesans. Die gekochte Pasta abgießen und sofort mit dem
warmen, knusprigen Speck und der Ei-Sahne-Mischung vermengen. Die Rest-
wärme der Nudeln reicht aus, um die Eier zu garen und der Sauce eine seidige
Konsistenz zu verleihen. Gut würzen – sparen Sie nicht an frisch gemahlenem
schwarzen Pfeffer und geben Sie nach Belieben noch mehr Parmesan zu. Sofort mit
einer großen Schüssel grünem Salat servieren und Rotwein dazu trinken.

Lasagneblätter mit aromatischen Tomaten, Tintenfisch, Miesmuscheln, Dinkel und Oliven

Dieses Gericht ist eine wahre Freude. Inspiriert dazu hat mich der amerikanische Koch Mario Bartelli, der mir auf einer meiner Reisen in die Vereinigten Staaten einen einfachen Tintenfisch-Eintopf kredenzte. Dieser »Zwei-Minuten-Tintenfisch«, wie er ihn nannte, geht mir seither nicht mehr aus dem Kopf. Ich habe das Rezept leicht abgewandelt, so dass ein prima Nudelgericht daraus wurde. Mit ein wenig Brühe verdünnt, zaubert man daraus eine tolle Suppe, Sie können es aber auch als Sauce zu gegrilltem Fisch servieren. Mit Lasagneblättern, wie hier, oder mit ein paar Tagliatelle schmeckt es ebenfalls ausgezeichnet. Dinkel ist eine alte Getreideart, die einen nussigen Geschmack hat.

6 PORTIONEN

1 rote Zwiebel, fein gehackt • 2 Knoblauchzehen, fein geschnitten • 50 g Dinkel • 2 Hand voll schwarze Oliven mit Stein • 2 Dosen Tomaten (je 400 g) • 40 g Miesmuscheln, abgebürstet • 400 g Jakobsmuscheln, abgebürstet • 300 g Tintenfische, gewaschen, geputzt und in Stücke geschnitten • 12 Lasagneblätter • Meersalz und frisch gemahlener schwarzer Pfeffer • 1 Hand voll frische, glatte Petersilie, gehackt • natives Olivenöl extra

Zwiebel und Knoblauch mit wenig Olivenöl in einer großen Pfanne eine Minute lang anbraten. Dinkel, Oliven und Tomaten zufügen und 30 Minuten lang köcheln lassen. Miesmuscheln und Jakobsmuscheln in die Pfanne geben und etwas rütteln, bis sich alle Muscheln geöffnet haben (die geschlossenen aussortieren). Tintenfische dazugeben und eine Minute köcheln lassen. Das Fleisch aus den Schalen lösen, und die Lasagneblätter in sprudelndem Salzwasser nach Packungsanweisung al dente kochen. Die Sauce leicht würzen und die Petersilie einstreuen. Mit 5 EL Olivenöl verleihen Sie Ihrer Sauce einen schönen Glanz. Wenn die Nudelblätter gar sind, mit der Sauce vermengen und sofort servieren.

Pastinaken-Pancetta-Tagliatelle mit Parmesan und Butter

Erst vor einem Jahr bin ich auf die Idee gekommen, Pastinaken und Pancetta zu kombinieren. Das schmeckt wirklich gut! Seither habe ich diese Kombination auch schon für Suppen, Risotti, Braten und Aufläufe verwendet.

4 PORTIONEN

12 Scheiben Pancetta oder durchwachsener Räucherspeck (Bacon) • 1 Hand voll Rosmarin-, Thymian- oder Bohnenkrautblättchen • 4 Stückchen Butter • 2 Knoblauchzehen, geschält und fein geschnitten • 2 Pastinaken, geschält, längs halbiert und fein geschnitten • 450 g Tagliatelle • 3 gute Hand voll geriebener Parmesan • Meersalz und frisch gemahlener schwarzer Pfeffer

Pancetta und Kräuter in einer beschichteten Pfanne in der Hälfte der Butter zwei Minuten lang anbraten. Knoblauch und Pastinaken zugeben. Drei Minuten bei mittlerer Hitze braten, bis der Speck goldgelb ist und die Pastinaken weich sind. Die Tagliatelle nach Packungsanweisung al dente kochen, abgießen und etwas Nudelwasser zurückbehalten. Die Pasta mit den Pastinaken und dem Speck vermischen, die restliche Butter und den Parmesan einrühren und etwas Nudelwasser zugießen, um der Mischung eine cremige Konsistenz zu verleihen. Nach Belieben würzen.

Orecchiette mit Brokkoli und Anchovis

Das müssen Sie einfach ausprobieren! Anstelle der Orecchiette können Sie auch Penne oder Rigatoni verwenden.

4 PORTIONEN

2 große Brokkoli • 2 große Knoblauchzehen, geschält und gehackt • 8 Anchovisfilets • 2–4 kleine, getrocknete rote Chilischoten, zerkrümelt • 4 EL Butter • 450 g Orecchiette • Meersalz und frisch gemahlener schwarzer Pfeffer • nach Belieben 2 gute Hand voll geriebener Parmesan

Mit einem kleinen Messer die Brokkoliröschen von den Stielen lösen und beiseite legen. Stiele schälen, die trockenen Enden entfernen. Die Stiele fein hacken, mit den Röschen, dem Knoblauch, den Anchovis, Chilischoten und der Hälfte der Butter in einen großen Topf geben. Zudecken und acht bis zehn Minuten leicht dünsten, während Sie die Pasta in sprudelndem Salzwasser kochen. Dies sollte etwa ebenso lange dauern – orientieren Sie sich an den Angaben auf der Packung. Ich mache es etwas anders (aber besser, wie ich meine): Ich koche die Brokkoli-röschen die letzten vier Minuten mit der Pasta zusammen – dadurch werden sie weich, behalten aber Farbe und Biss.

Pasta und Brokkoli abgießen – dabei etwas vom Kochsud zurückbehalten – und in eine Schüssel geben. Mit Salz, Pfeffer, der restlichen Butter und einer Hand voll Parmesan abschmecken. Gut vermischen, falls nötig etwas Kochsud zugießen, um die Nudeln zu lösen. Mit dem restlichen Parmesan bestreuen und sofort servieren.

Here
'Rosie'
maga

O'Donnell s
revamp of '
celebrates h

Show time: Jamie Oliver, 25, has an energy that has made him a TV star and a hot cookbook author.

Brit's a rock star in chef's clothing

TV's 'Naked' sensation serve
books

BAHN FREI FÜR FISCHE! Fisch ist eine fantastische Sache. Wenn man sich ansieht, wie die Menschen in Spanien, Italien und Japan leben und welche statistische Lebenserwartung in diesen Ländern herrscht, dann scheint der Fischkonsum dabei eine wichtige Rolle zu spielen. Ich glaube, jeder Arzt wird mir zustimmen, wenn ich sage, dass Fisch gut für unsere Ernährung ist. Wer dies bisher ignoriert und nur panierten Fisch gegessen hat, den wird dieses Kapitel hoffentlich umstimmen. Frischer Fisch lässt sich nicht nur rasch zubereiten, sondern er schmeckt auch sehr gut. Denken Sie sowohl an Ihre Geschmacksnerven wie an Ihre Gesundheit und tun Sie sich selbst einen Gefallen – essen Sie mindestens zweimal pro Woche frischen Fisch. Beim Fischkauf sollten Sie Ihrem Gefühl vertrauen und sich nur für solche Fische entscheiden, die wirklich gut aussehen, sich gut anfühlen und ebenso riechen. Freunden Sie sich mit Ihrem Fischhändler an – finden Sie heraus, wann frische Ware hereinkommt und sorgen Sie dafür, dass sie für Sie reserviert wird.

Ganzer gebratener Lachs umhüllt von Kräutern und Zeitungspapier

Dieses Rezept eignet sich besonders für Partys. Es ist eine gute Möglichkeit, um einen ganzen Fisch zu braten, vor allem Lachs oder Forelle. Am besten macht man das am Lagerfeuer, auf einem Grill oder in einem Holzkohleofen, denn das verkokelnde Papier verleiht dem Fisch ein feines Räucheraroma. Auch in einem herkömmlichen Backofen erzielt man noch gute Ergebnisse, allerdings wird die Zeitung darin nicht so schwarz wie über dem Lagerfeuer. Wenn mehr als sechs Personen mitessen wollen: Nehmen Sie einfach einen größeren Lachs, mehr Kräuter, mehr Zeitungspapier und lassen Sie den Fisch etwas länger garen.

6 PORTIONEN

1 ganzer Lachs (1,5 kg), geschuppt und ausgenommen •
Meersalz und frisch gemahlener schwarzer Pfeffer • Olivenöl •
4 große Hand voll gemischte frische Kräuter (Petersilie,
Fenchelgrün, Basilikum) • 1 Tageszeitung • 2 Zitronen,
in feine Scheiben geschnitten • 6 Frühlingszwiebeln, in dünne
Scheiben geschnitten • 2 EL Fenchelsamen, zerdrückt

Kaufen Sie einen frischen Lachs, würzen Sie ihn innen und außen, reiben Sie ihn mit Olivenöl ein und füllen Sie ihn mit der Hälfte der Kräuter. Schlagen Sie die Zeitung in der Mitte auf und legen Sie den Lachs darauf. Nun die Zitronenscheiben, Frühlingszwiebeln, Fenchelsamen und übrigen Kräuter über und auch unter dem Lachs verteilen. Mit etwas Olivenöl beträufeln, die Seiten der Zeitung einschlagen und den Fisch fest darin einwickeln und mit viel Schnur gut zusammenbinden. Das Paket unter dem Wasserhahn gründlich befeuchten. Dann entweder auf der obersten Schiene des auf 220 °C vorgeheizten Backofens 35 Minuten backen oder, noch besser, auf dem Holzkohlengrill oder einem Lagerfeuerrost auf jeder Seite ca. 25 Minuten grillen – je nachdem, wie stark die Hitze ist.

Lachs eignet sich für dieses Rezept besonders gut, da er aufgrund seines relativ hohen Fettgehalts auch dann noch sehr annehmbar schmeckt, wenn er noch etwas glasig ist oder ein wenig zu stark geröstet wurde. Ich mag ihn am liebsten, wenn er leicht glasig, also nicht ganz durchgegart ist. Als Beilagen eignen sich gekochte Kartoffeln, grüner Salat und selbst gemachte Mayonnaise.

P.S.: Wenn Ihnen die Sache mit dem Zeitungspapier nicht ganz geheuer ist, können Sie auch in Wasser getränktes Pergamentpapier verwenden.

Frische Austern auf zerstoßenem Eis –
wie ich sie am liebsten mag

Austern sind witzige altertümliche Dinger. Heute gelten sie als dekadentes Aphrodisiakum, während sie noch vor 100 Jahren so etwas wie die Tauben des Meeres waren – ein alltägliches Nahrungsmittel der Bauern, die sie für die Füllungen von Pies verwendeten. Aphrodisiakum? Ich weiß nicht so recht, jedenfalls habe ich in den letzten drei Jahren Geschmack an ihnen gefunden.

Überall auf der Welt habe ich Austern probiert. Wie es scheint, hält man allerorts die heimischen Austern für die besten – gut, dann werde auch ich zum Patrioten und behaupte: Die besten Austern, die ich jemals in meinem Leben gegessen habe, sind die West-Mersea-Austern aus Essex, die man manchmal auch als Colchester-Austern bezeichnet, sowie ein paar westirische Austern, die herrlich nach Eisen und leicht nach Meerwasser schmecken. Die Austern, die direkt aus West-Mersea stammen, werden ein paar Meilen unterhalb der Mündung gezüchtet, wo auch das Maldon-Meersalz herkommt. Der Regen wäscht die Nährstoffe des Marschlands aus und spült sie bis zur Mündung, so dass diese Gegend überaus nährstoffreich ist. Ich nehme immer kleine Austern, weil ich – ehrlich gesagt – mit den großen nicht umgehen kann.

Gleichgültig, welche Austern Sie nun gekauft haben, es gibt zwei Möglichkeiten, sie zu öffnen: Sie können entweder Ihren Fischhändler bitten, die Austern für Sie aufzubrechen oder Sie öffnen sie selbst mit einem kleinen Messer oder einem speziellen Austernmesser, wobei Sie sie mit einem Küchentuch festhalten müssen (siehe die Fotos auf der gegenüberliegenden Seite). Servieren Sie die Austern auf Eis (zerstoßen Sie dazu ein paar Eiswürfel in einem Küchentuch) – und zwar noch am gleichen Tag, an dem Sie sie gekauft haben.

1. Das Scharnier der Auster lokalisieren.

2. Das Austernmesser hineindrücken und hin und herbewegen.

3. Durch Drehen des Messers die Schale aufstemmen.

4. Die obere Schale entfernen und die Auster lösen.

Austern mit Schalotten und Rotweinessig

Eine geschälte
Schalotte fein
hacken und mit
2 gehäuften TL Zucker,
6 EL Rotweinessig und etwas
Pfeffer vermischen. Zehn Minuten
ziehen lassen. Auf einer
Platte mit den Austern servieren.

Austern mit Chili, Ingwer und Reisweinessig

2–3 cm geschälten Ingwer fein reiben und mit 6 EL Reisweinessig,
einer entkernten und fein gehackten Chilischote und etwas fein
geschnittenem frischem Koriander vermischen.
1 TL Zucker unter Rühren darin
auflösen. Auf einer Platte mit
den Austern servieren.

Scharf angebratener Thunfisch mit Ingwer und Schnittlauch

Das ist Schlichtheit par excellence: So habe ich den tiefroten frischen Thunfisch in einer Sushi-Bar in Tokio genossen und war begeistert. Der Fisch wird nur ganz kurz angebräunt, mit etwas Sojasauce, Ingwer und Schnittlauch angerichtet und sofort serviert.

4 PORTIONEN

250–300 g Thunfisch von bester Qualität (vorzugsweise vom Schwanz oder ein feines Lendenstück) • Sojasauce • 1 EL Sesamöl • 2 daumengroße Stücke frischer Ingwer • 1 Bund frischer Schnittlauch, fein geschnitten

Den Thunfisch eine Stunde in etwas Sojasauce marinieren. Mit Küchenpapier trocken tupfen, mit Sesamöl einreiben und zwei Minuten in einer sehr heißen beschichteten Pfanne anbräunen. Dabei immer wieder wenden. Eine Minute ziehen lassen, während Sie den Ingwer schälen und fein reiben. Zum Servieren eine kleine Portion frischen Ingwer und etwas Schnittlauch am Rand eines jeden Tellers anrichten und die Sojasauce in die Mitte geben. Den Thunfisch mit einem scharfen Messer in 0,5 bis 1 cm dicke Scheiben schneiden und pro Teller drei bis vier Scheiben anrichten. In Japan gelten dickere Scheiben zwar als Zeichen von Großzügigkeit und wirklicher Dekadenz – ich mag trotzdem lieber feinere.

Glattbuttsteak mit Zitrone, Sardellen, Kapern und Rosmarin auf sizilianische Art

Eine leckere Methode, weißfleischigen Fisch wie Glattbutt, Steinbutt oder Heilbutt zu genießen. Etwas ganz Besonderes ist es, wenn der Plattfisch durch die Mittelgräte in Scheiben geschnitten wird – ein schönes Filet ist jedoch genauso gut. Lassen Sie sich die Steaks oder Filets von Ihrem Fischhändler schneiden.

4 PORTIONEN

1 Hand voll frische Rosmarinblätter • natives Olivenöl extra •
4 Filets/Steaks vom Glattbutt, Steinbutt oder Heilbutt (je 200 g) •
Meersalz und frisch gemahlener schwarzer Pfeffer •
2 große unbehandelte Zitronen, in feine Scheiben geschnitten •
1 große Hand voll eingelegte Kapern • 8 Anchovi-Filets •
1 Spritzer Weißwein oder Prosecco

Backofen auf 200 °C vorheizen. Den Rosmarin in einem Mörser zerstoßen, um sein Aroma voll zur Geltung zu bringen und mit 6 EL Olivenöl vermengen. Den Fisch mit der Hälfte dieses aromatisierten Öls auf allen Seiten bestreichen, gut würzen und in eine feuerfeste Form oder auf ein Backblech geben. Vier oder fünf Zitronenscheiben auf jedes Steak legen (ich schneide die Zitrone gewöhnlich mit dem Gemüsehobel oder mit einem sehr scharfen Messer). Die Kapern darüber streuen und die Anchovis darauf setzen. Mit dem restlichen aromatisierten Öl beträufeln und im vorgeheizten Ofen rund 15 Minuten (Filet) bzw. 25 Minuten (Steak) backen. Jetzt können Sie nach Belieben etwas Wein darüber gießen. Aus dem Rohr nehmen und wie ein Steak fünf Minuten ruhen lassen. Manchmal presse ich noch etwas zusätzlichen Zitronensaft darüber, der sich mit dem weißen, cremigen Bratensaft und dem Olivenöl vermischt, so dass eine feine natürliche Sauce entsteht. Der Fisch schmeckt besonders gut, wenn man ihn mit gedämpftem grünem Gemüse oder einem knackigen Salat serviert.

Seeteufelspieße mit Rosmarin, Pancetta und Brot

Eine erfolgreiche Kombination aus der etwas ungewöhnlichen Verbindung von Fleisch und Fisch. Letzterer erhält eine ungewöhnliche Geschmacksnote. Dieses Gericht ist sehr preiswert, da Sie weniger Fisch benötigen, als dies normalerweise der Fall wäre. Probieren Sie es aus!

4 PORTIONEN

450 g Seeteufel (Schwanzstück) oder ein anderer
weißfleischiger Fisch, gesäubert • 1½ Ciabattas, ohne Kruste •
4 Rosmarinzweige (je 25 cm lang) • 1 Knoblauchzehe, geschält •
natives Olivenöl extra • Meersalz und frisch gemahlener
schwarzer Pfeffer • 12 Scheiben Pancetta oder durchwachsener
Räucherspeck (Bacon) • 1–2 EL Aceto balsamico

Backofen auf 220 °C vorheizen. Den Fisch in 2,5 cm große Würfel schneiden und in eine Schüssel mit dem in ähnlich große Stücke zerpflückten Ciabatta geben. An der Spitze der Rosmarinzweige (etwa 5 cm) die Blättchen stehen lassen, die restlichen mit Daumen und Zeigefinger am Stängel entlang abstreifen. In einen Mörser geben und mit dem Knoblauch zerstoßen. 5 bis 6 EL Olivenöl einrühren. Diese Mischung über Fisch und Brot geben und vermengen.

Nun werden die Spieße hergestellt. Dazu das untere Ende der Rosmarinstängel scharfkantig abschneiden und Fisch und Brot abwechselnd aufspießen, bis sich je etwa drei Stücke auf den Spießen befinden; mit einem Stück Fisch beginnen. Die Spieße ein wenig würzen. Jeden Spieß locker mit drei Speckscheiben umwickeln. Die Spieße auf ein Backblech legen, das restliche Öl und den restlichen Rosmarin darüber geben und im vorgeheizten Backofen 15 bis 20 Minuten braten, bis das Brot knusprig und goldbraun ist. Etwas Aceto balsamico, ein wenig Olivenöl und den Bratensaft vom Backblech über die Fischstücke träufeln und dazu einen frischen Salat servieren. Lassen Sie es sich schmecken!

Garnelen mit Chili, Petersilie, Ingwer und Knoblauch auf Toast

Ein wirklich rasch zubereiteter Leckerbissen, der als Vorspeise ebenso gut ankommt wie als Hauptgericht. Aber stellen Sie für Ihre Freunde auch ein paar Fingerschalen bereit. Ich persönlich ergänze das Rezept stets mit etwas extra Chili und sorge dafür, dass genügend gut gekühlter Weißwein auf meine Gäste wartet.

4 PORTIONEN

natives Olivenöl extra • 1 daumengroßes Stück frischer Ingwer, geschält und fein gehackt • 2 Knoblauchzehen, geschält und fein gehackt • 2–3 frische, rote Chilischoten, entkernt und fein geschnitten • 16 ganze, rohe Riesengarnelen, evtl. die Schale an den Schwänzen entfernen • 1–2 Zitronen • 1 gute Hand voll glatte Petersilie, grob gehackt • Meersalz und frisch gemahlener schwarzer Pfeffer • 4 Scheiben Ciabatta, getoastet

In einer großen Pfanne in etwa 4 EL Olivenöl den Ingwer, Knoblauch, Chili und die Garnelen rund drei Minuten anbraten. Die Temperatur reduzieren und den Saft von einer Zitrone darüber pressen. Die Petersilie und ein paar Spritzer Olivenöl dazugeben. Würzen, vermischen und von der Kochstelle nehmen. Es sollte eine schöne, saftige Sauce entstanden sein – kosten Sie sie, ob vielleicht noch etwas Zitronensaft fehlt und würzen Sie entsprechend nach. Auf den getoasteten Ciabatta-Scheiben anrichten, die sich mit der köstlichen Sauce vollsaugen.

Zarte Scholle mit Spinat, Oliven und Tomaten

Und noch ein tolles Rezept zum Braten in der Pfanne – perfekt, wenn man ohne große Anstrengung viele Gäste satt bekommen möchte. Anstelle der Scholle können Sie auch jeden ähnlichen Plattfisch, zum Beispiel Seezunge, verwenden.

4 PORTIONEN

natives Olivenöl extra • 2 Knoblauchzehen, geschält und in Scheiben geschnitten • 1 Glas Chardonnay • 2 Dosen Tomaten (je 400 g) • 150 g schwarze Oliven, ohne Steine • 1 große Hand voll frisches Basilikum • 2 Anchovi-Filets • 4 Schollenfilets (je 200 g), ohne Haut • Meersalz und frisch gemahlener schwarzer Pfeffer • 4 Rosmarinzweige oder Zahnstocher • 3 große Hand voll junger Spinat, gewaschen

Den Backofen auf 200 °C vorheizen. Verwenden Sie eine kleine, hitzebeständige Bratpfanne, damit die Fische eng aneinander geschmiegt garen können. Bei mittlerer Temperatur in etwas Olivenöl den Knoblauch langsam weich braten. Bevor der Knoblauch Farbe annimmt, den Wein zugießen und eine Minute kochen lassen, dann die Tomaten hinzufügen. Diese mit einem Löffel zerteilen und die Temperatur reduzieren, so dass sie köcheln, während Sie die Scholle vorbereiten.

Oliven, Basilikum und Anchovi-Filets im Mixer fein hacken oder pürieren, dann Olivenöl zugießen, bis eine streichfähige Paste entsteht. Die Schollenfilets mit der Seite, auf der sich die Haut befand, auf einen Teller legen und mit schwarzem Pfeffer würzen. Die Paste auf die Filets streichen. Jedes Filet vom Schwanzende her aufrollen und mit einem Rosmarinzweig oder Zahnstocher zusammenstecken. Die Tomatensauce würzen und die Fischfilets eng nebeneinander auf die Tomatenstücke setzen. Mit Olivenöl beträufeln und im vorgeheizten Ofen 15 Minuten garen. Sauce und Fisch verleihen sich gegenseitig Aroma und Geschmack – genial!

Die Röllchen auf vier vorgewärmten Tellern anrichten, die Sauce nochmals für eine Minute auf den Herd stellen und erst jetzt den Spinat einstreuen – er wird rasch schlapp. Geben Sie ein paar Löffel der Sauce zum Fisch und lassen Sie es sich schmecken.

Gebackener Seeteufel

Hinter diesem Rezept steckt die Idee, etwas zu kochen, das wirklich schnell geht, gut schmeckt und aussieht, als hätte die Zubereitung Stunden gedauert. Da der Seeteufel in verschiedenen Größen angeboten wird, können Sie einzelne 200 g-Filets ebenso verwenden wie ein ganzes größeres Filetstück, das Sie dann nach dem Backen entsprechend portionieren. Also, los geht's!

4 PORTIONEN

1 kleines Glas sonnengetrocknete Tomaten in Öl •
2 große Hand voll Basilikum • Olivenöl • 16–20 Scheiben
Parmaschinken • 4 Seeteufelfilets (je 200 g) vom Schwanz •
Meersalz und frisch gemahlener schwarzer Pfeffer •
nach Belieben Aceto balsamico und Rucola

Den Backofen auf 200 °C vorheizen. Die sonnengetrockneten Tomaten und die Hälfte ihres aromatischen Öls zusammen mit dem Basilikum im Mixer zu einer glatten Masse verarbeiten. Dabei gebe ich das übrige Öl nach und nach zu, bis eine streichfähige Paste entsteht. Manchmal ist auch ein Spritzer Aceto balsamico ganz hilfreich für den Geschmack und zur Verdünnung.

Jetzt benötigen Sie vier Blatt Pergamentpapier, Größe DIN A4. Bestreichen Sie Blatt für Blatt mit Olivenöl und legen Sie auf jedes etwa vier Scheiben Parmaschinken – je nach Größe dicht nebeneinander oder leicht überlappend. Die Paste gleichmäßig auf dem Schinken verteilen. Dann die Fischfilets an ein Ende legen, würzen und mit Hilfe des Pergamentpapiers aufrollen. Das Papier entfernen und die umwickelten Fischrollen vorsichtig auf ein geöltes Backblech oder in eine Auflaufform geben und im vorgeheizten Backofen 15 bis 20 Minuten braten.

Ich persönlich schneide den Fisch am liebsten in Scheiben. Dazu serviere ich ein Kartoffelpüree mit wirklich viel Butter, das ich mit einer Unmenge Milch verdünnt habe. Wenn Sie möchten, können Sie auch ein wenig Aceto balsamico über den Fisch träufeln und etwas Rucola über den Teller streuen.

Rochenflügel gebacken mit Zitrone und Fünf-Gewürze-Mischung

Es gibt kaum etwas besseres als ein Stück frischer Rochen – und diese Zubereitungsart ist etwas ganz besonderes. Der Fisch schmeckt so außergewöhnlich und wunderbar, wie Rochen dies immer tut, wird jedoch durch Zitrone und die Fünf-Gewürze-Mischung richtig aufregend. Ein kleiner Tipp: Schneiden Sie mit der Schere oder einem scharfen Messer die feinen Flügelränder ab, sie rollen sich sowieso nur auf und verbrennen.

4 PORTIONEN

Schale von 1 unbehandelten Zitrone, fein gehackt •
1 TL Fünf-Gewürze-Mischung • 2 gehäufte TL Meersalz • 4 ganz
frische Rochenflügel (je 250 g) • ein paar Hand voll Mehl, zum
Bestäuben • 2 Eier, leicht verquirlt • 6 gute Hand voll
Semmelbrösel • Olivenöl

Den Backofen auf 220 °C vorheizen. Zitronenschale, Fünf-Gewürze-Mischung und Salz in einen Mörser geben, zerstoßen und vermischen. Dann auf beiden Seiten der Rochenflügel verteilen. Mehl, Eier und Semmelbrösel jeweils in einen großen Teller geben. In eine große beschichtete Bratpfanne etwa 1 cm hoch Olivenöl füllen und erhitzen. Nun muss es schnell gehen: Die Rochenflügel auf beiden Seiten zunächst im Mehl wenden und etwas abschütteln, dann in das Ei tauchen, und auch da, was zu viel ist, abtropfen lassen. Schließlich fest in die Semmelbrösel drücken und ebenfalls leicht abschütteln.

Die Rochenstücke einzeln oder paarweise auf jeder Seite zwei Minuten im heißen Öl goldgelb braten. Auf ein großes Backblech legen, während Sie den restlichen Fisch braten. Falls nötig, das Öl erneuern. Wenn alle vier Rochenflügel gebraten sind, das Backblech auf die mittlere Schiene des vorgeheizten Ofens schieben, und den Fisch 15 Minuten backen, bis er golden und knusprig ist und sich das Fleisch von selbst vom Knorpel löst.

Ich serviere den Fisch normalerweise mit einem Blattsalat und einem Klecks gewürzter Mayonnaise. Dazu einfach 4 EL Mayonnaise oder Crème fraîche mit zwei Hand voll gehackten Frühlingszwiebeln, gehacktem frischem Koriander und dem Saft einer Limette vermischen.

Gebratene Jakobsmuscheln mit Spargel und Frühlingszwiebeln

Mit diesem Rezept habe ich ein paar Erfahrungen gemacht, die ich Ihnen unbedingt mitteilen muss. Erstens: Schneidet man die Jakobsmuscheln auf einer Seite kreuzweise ein, dann öffnen sie sich nach dem Anbräunen wie eine wunderschöne Blüte. Und wenn man sie dann noch mit etwas Dressing oder Sauce beträufelt, nehmen sie den Geschmack vollkommen auf. Zweitens: Durch die Verwendung von Fünf-Gewürze-Mischung werden Meeresfrüchte zum echten Genuss.

4 PORTIONEN

16 Stangen grüner Spargel, das untere Drittel geschält •
12 Frühlingszwiebeln • natives Olivenöl extra • Meersalz
und frisch gemahlener schwarzer Pfeffer • 1 Hand
voll frische Majoran- oder Bohnenkrautblätter •
1 Zitrone • 12 große Jakobsmuscheln, geputzt •
2 Prisen Fünf-Gewürze-Mischung • Butter

Spargel und Frühlingszwiebeln in kochendem Salzwasser ein paar Minuten bzw. so lange blanchieren, bis das Gemüse gerade weich ist, dann abgießen. Eine große beschichtete Pfanne erhitzen und Olivenöl hineinträufeln. Spargel und Frühlingszwiebeln portionsweise anbraten – sie sollten den Pfannenboden in einer Schicht bedecken. Würzen und braten, bis sie auf allen Seiten etwas Farbe angenommen haben. In eine Schüssel geben, mit der Hälfte der Kräuter bestreuen, einen Spritzer Zitronensaft darüber geben und beiseite stellen.

Die Muscheln auf einer Seite kreuzweise einschneiden, auf beiden Seiten salzen, pfeffern und mit der Fünf-Gewürze-Mischung würzen. Etwas Olivenöl in der Pfanne erhitzen und die Muscheln hineingeben. Ein paar Minuten goldbraun braten, wenden, die restlichen Kräuter dazugeben und noch eine Minute braten.

Mittlerweile Spargel und Frühlingszwiebeln auf vier angewärmten Tellern anrichten. Die Pfanne von der Kochstelle nehmen, zwei großzügige Stückchen Butter und den Saft von einer halben Zitrone hineingeben. Die Pfanne hin- und herschwenken, dann drei Muscheln und etwas Sauce auf jeden Teller geben. Sofort servieren und genießen.

Gebratene Sardinen

Die Anregung zu diesem Rezept erhielt ich von Rose Gray vom River Café, die ganz fantastische Gerichte mit Sardinen zaubert. Ich esse Sardinen sehr gerne: Man kann sich zwei oder drei als Snack bzw. Vorspeise oder auch nur eine als Appetizer schmecken lassen. Die Filets lassen Sie sich am besten von Ihrem Fischhändler herauslösen.

4 PORTIONEN

1 kleine Fenchelknolle mit Grün • 1 Ciabatta vom Vortag, ohne Kruste • 1 Hand voll Pinienkerne, leicht geröstet • 1 Hand voll frische Majoranblättchen • Meersalz und frisch gemahlener schwarzer Pfeffer • natives Olivenöl extra • 8 dünne Scheiben durchwachsener Räucherspeck (Bacon) • 8 frische Sardinen, filetiert • 8 Rosmarinzweige oder Zahnstocher

Das Grün der Fenchelknollen beiseite legen. Die Knolle halbieren und fein hacken. Das Ciabatta in der Küchenmaschine oder mit einem Messer zu groben Bröseln zerkleinern und diese mit dem Fenchel, den Pinienkernen und dem Majoran in eine Schüssel geben. Gut würzen und 4 bis 5 EL Olivenöl darunter mischen.

Den Backofen auf 220 °C vorheizen. Auf einem Teller oder Brett eine Scheibe Speck auslegen. Ein Sardinenfilet mit der Hautseite nach unten im rechten Winkel darauf legen. Die Sardine mit etwas Bröselmischung bestreuen und ein zweites Filet, diesmal mit der Hautseite nach oben, darauf legen. Erneut mit Bröseln bestreuen, straff mit dem Speck umwickeln und mit dem Rosmarinzweig oder einem Zahnstocher feststecken. Stellen Sie auf diese Weise acht kleine Sardinenbündel her. Auf mit Öl bestrichenes Backpapier auf einem Blech legen und im vorgeheizten Backofen auf der obersten Schiene acht Minuten bzw. so lange backen, bis Speck und Brösel knusprig sind.

Mit etwas Rucolasalat und einer Zitronenspalte servieren und das Fenchelgrün darüber streuen. Damit werden Sie garantiert Eindruck machen!

Gebratene Streifenbarben mit Semmelbröseln, sonnengetrockneten Tomaten, Oliven, Pinienkernen und Majoran

Eine schöne Methode, um einen ansonsten wirklich einfachen gebratenen Fisch aufzupeppen. Es lohnt sich, einen extra Fisch mitzubraten: Den können Sie dann am nächsten Tag von der Gräte lösen, zerteilen, mit ein paar grünen Blättern, Olivenöl und Zitrone vermischen und auf getoastetem Brot als Vorspeise servieren.

4 PORTIONEN

½ Ciabatta • 1 große Hand voll sonnengetrocknete Tomaten, gehackt • 1 große Hand voll Oliven, entsteint und gehackt • 1 große Hand voll Pinienkerne • 1 Hand voll frische Majoran- oder Basilikumblätter • Olivenöl • Meersalz und frisch gemahlener schwarzer Pfeffer • 4 Streifenbarben (je 250 g), geschuppt, ausgenommen und eingeschnitten

Backofen auf 200 °C vorheizen. Die Kruste vom Ciabatta schneiden und das Innere des Brotes mit einem Mixer oder Messer zu kleinen, grobfaserigen Bröseln verarbeiten. Das Brot in eine Schüssel mit den sonnengetrockneten Tomaten, Oliven, Pinienkernen und dem Majoran geben und vermischen. Mit ein paar Spritzern Olivenöl auflockern.

Den Fisch innen und außen würzen und auf ein geöltes Backblech oder in eine Auflaufform legen. Den Fisch mit der Brotmischung füllen, einen Teil auch in die Einschnitte drücken und alles, was übrig ist, um den Fisch herum verteilen. Auf der obersten Schiene des Backofens etwa 20 Minuten braten, bis der Fisch gar ist. Mit einem knackigen grünen Salat servieren – ich streue die übrig gebliebenen Brösel über den Salat.

EIN GUTES STÜCK FLEISCH... Es lohnt sich immer, ein schönes Stück Bio-Fleisch zu kaufen und seine Familie und Freunde und natürlich auch sich selbst damit zu verwöhnen. Beim Fleischkauf gerate ich immer in Versuchung, etwas mehr zu nehmen, als ich eigentlich brauche, damit ich die köstlichen Reste für Sandwiches, Schmorgerichte, Suppen oder Dinge wie Shepherd's Pie, eine Fleischpastete mit Kartoffelpüreekruste, verwenden kann. Dieses Kapitel enthält ein paar meiner Lieblingsrezepte für Fleischgerichte, zu denen ich mich überall auf der Welt inspirieren ließ. Es gibt nichts Schöneres, als Freunde zum Essen einzuladen und ihnen einen köstlichen Braten zu servieren. Blättern Sie ein bisschen und suchen Sie sich aus, was Ihnen schmeckt – Sie werden auf ein paar ganz einfache Rezepte stossen, aber auch auf einige, die es wirklich in sich haben.

flei

Langsam gebratene Ente mit Salbei, Ingwer und Rhabarbersauce

Eines der besten Entenrezepte! Durch das langsame Braten wird die Haut richtig knusprig und das Fett brät sich aus. Außerdem wird das Fleisch weich, fest und schmeckt herrlich.

4 PORTIONEN

2 Barbarie- oder Vierländer-Enten (je 1,5 kg) • Salz und frisch gemahlener schwarzer Pfeffer • 250 g frischer Ingwer • 2 lange Stangen junger Rhabarber • 2 Hand voll frischer Salbei, grob gehackt • 1 Knoblauchknolle, die Zehen ausgelöst und halbiert • 2 rote Zwiebeln, fein geschnitten • 2 Glas Marsala oder Vin Santo • 300 ml Gemüse-, Hühner- oder Entenbrühe • Olivenöl

Den Backofen auf 180 °C vorheizen. Die Enten innen und außen großzügig würzen. Die Hälfte des Ingwers und Rhabarbers grob hacken (wenn Sie keinen ganz jungen Rhabarber bekommen, die Stangen eventuell vorher schälen) und in einer Schüssel mit der Hälfte des Salbeis, dem ganzen Knoblauch und den Zwiebeln vermischen und die Enten damit füllen. In einen Bräter legen und eine Stunde im Backofen braten. Dann die Temperatur auf 150 °C reduzieren und weitere 90 Minuten braten, bis die Enten knusprig und weich sind. Während der gesamten Bratzeit müssen Sie das Fett ungefähr dreimal abschöpfen. Die Enten sind gar, wenn die Haut knusprig ist und die Keulenknochen leicht gelöst werden können.

Die gebratenen Enten auf eine vorgewärmte Platte legen. Gießen Sie alles Fett ab, das sich noch im Bräter befindet. Nehmen Sie die Füllung aus den Enten, gießen Sie den Fleischsaft ab und geben Sie alles in den Bräter. Erhitzen Sie diesen sanft, gießen Sie den Marsala zu und lösen Sie den konzentrierten Bratensatz. Die Brühe zugießen und einkochen lassen, bis Geschmack und Konsistenz gut sind. Durch ein grobes Sieb streichen. Mit einem Messer können Sie die Entenbrüste auslösen, die Keulen lassen sich mit den Händen lösen. Auf Servierteller verteilen. Den restlichen Ingwer in feine Scheiben schneiden und in einer beschichteten Pfanne in etwas Öl anbraten. Wenn er Farbe annimmt, den in feine Scheiben geschnittenen restlichen Rhabarber zugeben und zusammen mit dem übrigen Salbei knusprig braten. Über die Ente streuen und mit der köstlichen Sauce beträufeln.

Schweinebraten in Weißwein mit Knoblauch, Fenchel und Rosmarin

Bei diesem Rezept brauche ich nur fünf Minuten, um das Schweinefleisch vorzubereiten und in den Ofen zu schieben – es geht also schön schnell und zudem schmeckt das Gericht unglaublich leicht, frisch und lecker. Beim Braten im Bräter entsteht eine wunderbare natürliche Sauce aus Fleischsäften und Wein.

6 PORTIONEN

1,5 kg Schweinelende, küchenfertig • Salz und frisch gemahlener schwarzer Pfeffer • 1 EL Fenchelsamen • 2–3 große Stück Butter • Olivenöl • 8 Knoblauchzehen • 1 Hand voll frischer Rosmarin, die Blätter abgezupft • 4 Lorbeerblätter • 1 Fenchelknolle, in Scheiben geschnitten • ½ Flasche Chardonnay Ihrer Wahl

Den Backofen auf 200°C vorheizen. Die Schweinelende (siehe Abbildungen auf der gegenüberliegenden Seite) mit zwei oder drei Schnüren zusammenbinden. Das muss nicht sehr ordentlich sein, es dient lediglich dazu, das Fleisch während des Bratens in Form zu halten. Großzügig würzen, dann in den Fenchelsamen wälzen, bis es rundherum damit bedeckt ist. Das Fleisch in einer Kasserolle oder einem Bräter ein paar Minuten in der Hälfte der Butter und etwas Olivenöl goldbraun anbraten.

Knoblauch, Kräuter, Fenchel und Wein dazugeben, den Bräter mit feuchtem Pergamentpapier zudecken und 75 Minuten im Ofen braten. Da die Lende keine Knochen hat, brät sie rasch. Das Fleisch aus dem Ofen nehmen und auf einem Teller ruhen lassen. Ohne weitere Wärmezufuhr die Sauce im Topf fertig machen, all die guten Bestandteile, die am Boden haften, lösen und die restliche Butter zugeben. Wer möchte, kann die gröberen Teile der Rosmarinstiele entfernen – ich persönlich mag es lieber schön rustikal. Nachwürzen, ein paar Knoblauchzehen zerquetschen und aus der Schale lösen – gebraten sind sie angenehm süß und verleihen der Sauce einen wunderbaren Geschmack.

Mariniertes Schweinefilet auf Rhabarber gebraten

Mit diesem Gericht kann ich meine Gäste immer überraschen. Das Schweinefilet muss nicht lange braten – wenn dies noch dazu auf Rhabarber geschieht, erhält man fantastische Aromen und einen herrlichen Bratensaft. Er passt hervorragend zu dem eher gehaltvollen Fleisch.

4 PORTIONEN

1 große Hand voll frischer Salbei • 2 Knoblauchzehen, geschält •
Olivenöl • 2 Schweinefilets, küchenfertig • Meersalz und
frisch gemahlener schwarzer Pfeffer • 10 Scheiben geräucherter
Schinken oder Parmaschinken • 3–4 mittlere Stangen
Rhabarber

Zunächst die Hälfte des Salbeis im Mörser oder in einer Metallschüssel mit einem Nudelholz zerstoßen. Knoblauch hinzufügen und zerdrücken. 5 EL Olivenöl darunter mengen, die Mischung über die Filets verteilen und möglichst eine Stunde marinieren lassen (ich persönlich brate das Fleisch meist sofort, es ist also nicht schlimm, wenn Sie für das Marinieren keine Zeit haben). Den Rhabarber in fingerlange Stücke schneiden, schälen, mit 2 EL Zucker mischen und ziehen lassen. In einen entsprechend großen Bräter geben (möglichst nicht aus Aluminium, da sich der Rhabarber darin verfärbt).

Backofen auf 220 °C vorheizen. Das Schweinefleisch leicht würzen und fünf Schinkenscheiben über jedes Filet legen – wenn noch Marinade übrig ist, können Sie den Schinken damit bestreichen. Das Fleisch auf den Rhabarber legen, so dass es fast schon darin eingebettet ist. Die restlichen Salbeiblätter darüber streuen und mit Olivenöl beträufeln. Ein Stück Pergamentpapier zusammenknüllen, befeuchten und das Fleisch damit so bedecken, dass das Papier auch noch über die Ränder des Bräters reicht. Im vorgeheizten Ofen 15 Minuten backen, dann das Papier entfernen und nochmals 15 Minuten backen.

Aus dem Ofen nehmen und fünf Minuten ruhen lassen. Ich schneide das Fleisch in Scheiben und serviere pro Person ein halbes Filet. Gießen Sie den Bratensaft, der aus dem Fleisch austritt, in den Bräter. Das Fleisch mit dem Rhabarber, den herrlichen Fleischsäften und Röstkartoffeln servieren.

Hähnchen im Teigmantel

Ein tolles Gericht, um es Freunden zu servieren – die sich erst einmal fragen werden, warum Sie ihnen so einen riesigen Teigkloß vorsetzen! Doch dabei handelt es sich um eine hervorragende Zubereitungsmethode für Hähnchen – das Fleisch dämpft in der Teighülle und wird unglaublich zart. Ich verwende für dieses Rezept schöne junge Masthähnchen oder Küken, man kann aber auch ein Zwei-Kilo-Brathuhn nehmen, es muss dann nur etwa zwei Stunden lang braten.
   P.S.: Der Teig wird übrigens nicht gegessen!

4 PORTIONEN

900 g Weizenmehl • 2 große Zitronen • 2 Hand voll frischer
Salbei, die Blätter abgezupft • 1 Hand voll frischer Thymian, die
Blätter abgezupft • 8 Knoblauchzehen • 8 EL Olivenöl • Meersalz
und frisch gemahlener schwarzer Pfeffer • 4 junge Hähnchen

Das Mehl in eine große Schüssel geben, nach und nach rund 500 ml Wasser zugießen und vermischen, so dass ein geschmeidiger Teig entsteht, der nicht zu sehr klebt. Zudecken und beiseite stellen, während Sie die Hähnchen vorbereiten.
   Mit einem Gemüseschäler die Schale von einer Zitrone entfernen und mit dem Salbei, Thymian und Knoblauch im Mörser oder mit dem Nudelholz in einer Metallschüssel zerstoßen. Das Olivenöl zugießen und großzügig würzen. Diese aromatische Marinade passt eigentlich zu allen Fleischsorten. Reiben Sie die Hähnchen außen und innen gründlich mit der Marinade ein. Die zweite Zitrone in Scheiben schneiden und in jedes Hähnchen ein bis zwei Scheiben stecken.
   Den Backofen auf 220 °C vorheizen. Teilen Sie den Teig in vier Portionen und rollen Sie jedes Teigstück etwa 0,5 cm dick aus. Umhüllen Sie jedes Hähnchen mit Teig, so dass Sie vier luftdicht abgeschlossene Päckchen erhalten. Fünf Minuten ruhen lassen, dann eine Stunde im Backofen backen. Die Teighülle wird beim Backen hart, so dass die Hähnchen in ihrem Schutz dünsten. All die wunderbaren Bratensäfte bleiben so im Inneren – es entsteht ein herrlicher Bratensaft.
   Die Hähnchen nach dem Backen 15 Minuten ruhen lassen, dann servieren und – um es ein wenig spannend zu machen – die Krusten vor den Augen der Gäste aufbrechen. Der gute Duft und der Dampf werden großen Eindruck machen! Mit Kartoffeln und grünem Gemüse servieren.

Brathähnchen mit süßsaurer Sauce

Ein fantastisches Hähnchengericht, auch wenn der Rezepttitel nicht sehr beeindruckend ist. Ich muss mir ständig neue Hähnchenrezepte ausdenken, da Jools Geflügelgerichte liebt – langsam beginnt mir das Kopfzerbrechen zu bereiten. Dieses Rezept ist eine meiner jüngsten Kreationen.

4 PORTIONEN

1 Hähnchen, am besten vom Bio-Hof (2 kg) • Meersalz und
frisch gemahlener schwarzer Pfeffer • 1 Hand voll frische
Petersilie, grob gehackt • 4 daumengroße Stücke frischer Ingwer,
ungeschält gerieben • 2 rote und gelbe Paprikaschoten, halbiert
und geputzt • 4 rote Zwiebeln, geschält • 2 frische Chilischoten,
halbiert • 1 reife Ananas, geschält, geviertelt und klein
geschnitten • 1 TL Fenchelsamen, zerdrückt • Olivenöl •
2 EL Zucker • 6 EL Aceto balsamico

Den Backofen auf 190 °C vorheizen. Das Hähnchen innen und außen großzügig würzen und mit der Ingwer-Petersilien-Mischung füllen. Die Paprikaschoten und roten Zwiebeln vierteln und in eine Kasserolle legen. Chilis, Ananas und zerdrückte Fenchelsamen zufügen. Drei kräftige Spritzer Olivenöl darüber träufeln, mit Salz und Pfeffer bestreuen und alles gut vermischen. Das Hähnchen obenauf legen, mit etwas Öl bestreichen und in der Mitte des vorgeheizten Ofens 90 Minuten braten. Das Brathuhn ist gar, wenn sich die Knochen leicht aus den Keulen lösen lassen.

Nach dem Braten die Bratensäfte des Hähnchens über der Kasserolle abtropfen lassen. Das Hähnchen und die Hälfte des Gemüses und der Ananas auf einen Teller legen und fünf Minuten ruhen lassen, während Sie die Sauce zubereiten. Das restliche Gemüse und die andere Hälfte der Ananas aus der Kasserolle nehmen und zusammen mit dem Zucker, Essig und ein wenig Salz im Mixer zu einer köstlichen Sauce verarbeiten – mit etwas kochendem Wasser lösen und falls nötig verdünnen. Sie können die Sauce durch ein grobes Sieb streichen, damit sie noch feiner wird; ich mache das allerdings nicht. Nach Belieben abschmecken.

Das Huhn mit ein paar gebratenen Nudeln oder etwas gedämpftem oder gekochtem Reis als Beilage servieren – guten Appetit.

Hähnchen in Salzkruste mit Fenchel, Thymian und Zitrone

Möglicherweise ist dies das verrückteste Rezept der Welt, und bevor Sie mich das fragen – nein, es ist keineswegs zu salzig.

4 PORTIONEN

3 kg grobes Steinsalz • 8 gehäufte EL Fenchelsamen, zerdrückt •
2 Eier, verquirlt • 2 Zitronen, halbiert • 1 EL Pfefferkörner •
1 Bund frischer Thymian • Olivenöl • 1 Bio-Hähnchen (2 kg) •
1 Bund Petersilie, zerpflückt • 8 Knoblauchzehen,
in der Schale zerdrückt

Den Backofen auf 200 °C vorheizen. Das Salz mit dem Fenchel, den Eiern, dem Zitronensaft (die Schalen zur Seite legen), den Pfefferkörnern und einem Glas Wasser in eine Schüssel geben und miteinander vermischen. Thymian im Mörser zerreiben, ein paar kräftige Spritzer Olivenöl dazugeben und vermengen. Die Haut der Poularde mit diesem Kräuteröl einstreichen, dann das Hähnchen mit der Petersilie, dem Knoblauch und den ausgedrückten Zitronenhälften ausstopfen und etwaige Kräuterölreste ins Innere geben. Es ist wichtig, den Hohlraum so gut wie möglich auszufüllen, damit er sich wölbt und kein Salz eindringen kann.

Vier lange Stücke Alufolie so übereinander legen, dass eine Fläche von etwa einem Quadratmeter entsteht. Auf diesem ein Drittel des Salzes in einer etwa 2 cm dicken Schicht verteilen. Das Brathuhn darauf legen und das restliche Salz um es herum verteilen. Da das Salz etwas feucht ist, bleibt es am Hähnchen haften – darauf achten, dass die Haut nicht verletzt wird. Die Alufolie an den Seiten vorsichtig hochklappen und an der Oberseite zusammendrücken. Überschüssige Folie entfernen – die Hauptaufgabe der Folie ist es, das Salz zusammenzuhalten, bis es hart wird.

Das Hähnchen zwei Stunden im vorgeheizten Ofen backen, herausnehmen und 15 Minuten ruhen lassen. Mit ein oder zwei leckeren Salaten, etwas Brot und einer Flasche Wein servieren. Die Alufolie aufreißen und die Salzkruste aufbrechen. Sie wird leicht auseinanderfallen und ein fantastisch duftendes Hähnchen freigeben. Ziehen Sie die Haut ab und lösen Sie das Fleisch von Brust und Keulen – es ist ein echter Genuss. Dazu schmeckt auch Sahnemeerrettich oder selbst gemachte Basilikum-Mayonnaise.

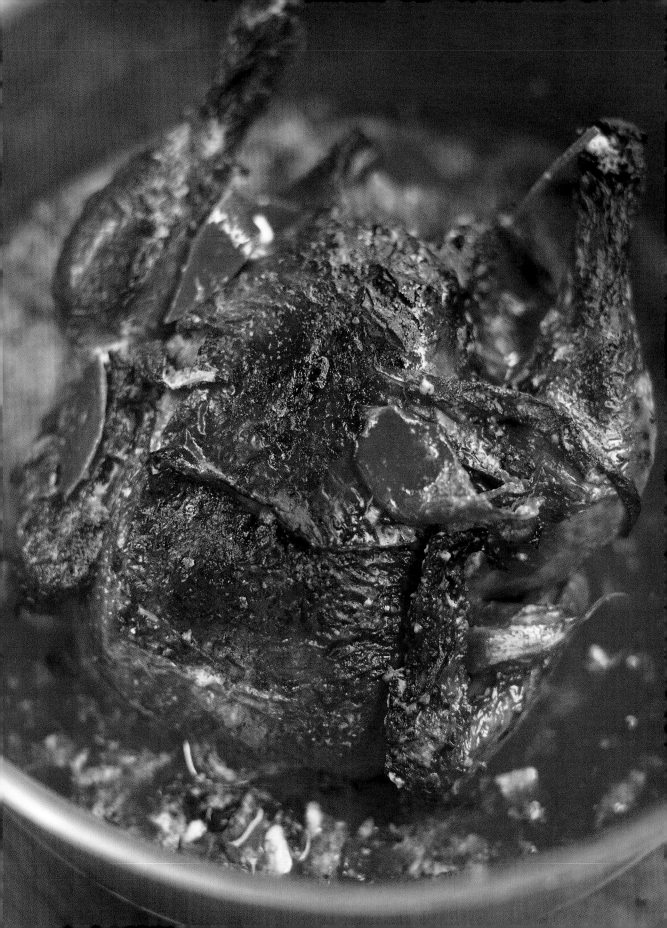

Hähnchen in Milch

Eine ungewöhnliche, aber großartige Kombination, die man probiert haben muss.

4 PORTIONEN

1 Bio-Hähnchen (1,5 kg) • Salz und frisch gemahlener
schwarzer Pfeffer • 120 g Butter • Olivenöl • ½ Zimtstange •
1 gute Hand voll frischer Salbei, die Blätter abgezupft •
Schale von 2 unbehandelten Zitronen • 10 Knoblauchzehen,
ungeschält • 550 ml Milch

Den Backofen auf 190 °C vorheizen. Sie benötigen einen Topf, in dem das Brathuhn gerade Platz hat. Das Huhn großzügig salzen und in der Butter und etwas Olivenöl rundherum gleichmäßig goldbraun anbraten, dabei mehrfach wenden. Den Topf von der Kochstelle nehmen und das Hähnchen auf einen Teller legen. Das im Topf verbliebene Fett abgießen, so dass nur noch der aromatische Bratensatz am Topfboden übrig ist, er wird später für einen wundervollen Karamellgeschmack sorgen.

Das Hähnchen mit den restlichen Zutaten wieder in den Topf geben und im vorgeheizten Ofen 90 Minuten braten und zwischendurch mit dem Bratensaft begießen. Die Zitronenschale lässt die Milch gerinnen, wodurch eine absolut fantastische Sauce entsteht.

Zum Servieren das Fleisch von den Knochen lösen und auf den Tellern anrichten. Reichlich Sauce und die kleinen Klümpchen der geronnenen Milch darüber geben. Dazu Spinat oder anderes Blattgemüse und Kartoffelpüree reichen.

Hähnchenbrüste à la Dad

4 PORTIONEN

170 g gemischte Pilze • Olivenöl • 1–2 Knoblauchzehen, fein
gehackt • Salz und frisch gemahlener schwarzer Pfeffer •
1 Hand voll frische, glatte Petersilie, gehackt • 4 Hähnchenbrüste
ohne Haut (je 200 g) • 1 Paket Blätterteig (450 g) • 1 Ei, verquirlt •
2 gehäufte EL grober Senf • 1 großes Glas Weißwein •
150 g Sahne oder Crème double

Backofen auf 200 °C vorheizen. Eine Hälfte der Pilze grob, die andere Hälfte fein
hacken. Ein paar Spritzer Olivenöl in einen heißen Topf geben und den Knoblauch
mit den Pilzen etwa zehn Minuten langsam anbraten. Abschmecken und die
gehackte Petersilie dazugeben. Abkühlen lassen. Die Hähnchenbrüste, wie auf den
Abbildungen auf der gegenüberliegenden Seite gezeigt, vorsichtig einschneiden und
mit den abgekühlten Pilzen füllen.

Den Blätterteig auf einer mit etwas Mehl bestäubten Fläche mit dem Nudelholz
ungefähr 45 cm lang, 20 cm breit und 0,5 cm dick ausrollen. Der Länge nach in vier
Stücke schneiden und jede Hähnchenbrust mit einem Teigstück umwickeln (siehe
Abbildungen unten). Den Teig mit etwas Ei bepinseln und im vorgeheizten Ofen
35 Minuten backen. In der Zwischenzeit geben Sie den Senf und den Weißwein in
einen Topf und reduzieren die Flüssigkeit so lange, bis man den Alkohol nicht mehr
riechen kann. Die Sahne hinzufügen und so lange köcheln, bis die Sauce an der
Rückseite eines Löffels haften bleibt. Von der Kochstelle nehmen und
abschmecken. Jede Hähnchenbrust in drei Teile schneiden und mit etwas Sauce
servieren. Wer mag, kann auch noch etwas Olivenöl darüber träufeln. Schmeckt
sehr lecker!

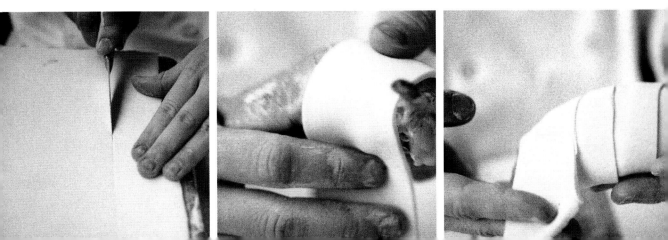

Perlhuhn mit Granatapfel und Spinat

2 PORTIONEN

1 Perlhuhn, Hähnchen oder Fasan, möglichst vom Bio-Hof (1 kg) •
100 g Ricotta • 1 kleine Hand voll frischer Thymian, die Blätter
abgezupft • Meersalz und frisch gemahlener schwarzer Pfeffer •
Olivenöl • 1 Stück Butter • 1 Knoblauchzehe, fein gehackt •
½ Glas Weißwein • 1 Granatapfel, Samen ausgelöst •
2 große Hand voll Spinat

Trennen Sie Unterschenkel, Schenkel und Brüste des Geflügels ab (siehe die Abbildungen unten auf der rechten Seite) oder bitten Sie den Geflügelhändler, das für Sie zu machen. Den Ricotta und den fein gehackten Thymian in einer kleinen Schüssel vermischen und sanft würzen. Vorsichtig mit zwei Fingern die Geflügelhaut an Brust, Unterschenkeln und Schenkeln wegziehen. Die Ricottamischung mit einem Teelöffel in die Zwischenräume füllen und die Haut wieder darüber stülpen.

Den Backofen auf 220 °C vorheizen. Das Perlhuhn würzen, etwas Olivenöl in eine feuerfeste Pfanne träufeln und die Unterschenkel und Schenkel fünf Minuten knusprig goldbraun braten. Die Brüste mit der Hautseite nach oben in die Form legen, ein großes Stück Butter, den Knoblauch und den Wein ebenfalls zufügen. Im vorgeheizten Backofen auf der obersten Schiene 25 Minuten braten, dann die Granatapfelsamen einstreuen und nochmals fünf Minuten braten. Jetzt ist auch das Fleisch der Schenkel vollkommen gar und die Haut knusprig. Die Pfanne aus dem Ofen nehmen und erneut auf den Herd stellen. Den Spinat zugeben und zusammenfallen lassen. Am Boden der Pfanne hat sich eine tolle Sauce angesammelt. Kosten Sie, ob sie ausreichend gewürzt ist – eigentlich dürfte nichts mehr fehlen – und richten Sie auf jedem Teller eine Brust, einen Unterschenkel und einen Schenkel mit Spinat und den Granatapfelsamen an. Nun noch die Sauce darüber träufeln und mit ein paar gekochten Kartoffeln servieren.

IN
Season

25p a 36p

Rouladen auf japanische Art mit Trockenpflaumen, Koriander und Sojasauce auf Frühlingszwiebeln

Ein toller Appetizer, den ich in Japan kennen lernte. Das Schweinefleisch hat praktisch kein Fett und wird gedämpft, also ein sehr gesundes und schmackhaftes Gericht.

4 PORTIONEN

10 Trockenpflaumen • 2 EL Olivenöl • 2 Sternanis •
2 daumengroße Stücke frischer Ingwer, geschält und
fein gehackt • 2 Nelken • 2 gehäufte EL brauner Zucker •
600 g Schweinelende • Salz und frisch gemahlener schwarzer
Pfeffer • 1 kleine Hand voll frischer Koriander, gehackt •
Frühlingszwiebeln • Sojasauce

Die Pflaumen waschen, mit dem Messer rundum einschneiden und den Stein entfernen. Die Hälften in 1 cm große Würfel schneiden. Das Öl in einem Topf erhitzen und Sternanis, Ingwer und Nelken eine Minute anrösten. Pflaumen, Zucker und einige EL Wasser zugeben, zudecken und etwa 20 Minuten köcheln, bis eine saftige Sauce entstanden ist. Etwas auskühlen lassen und in den Kühlschrank stellen.

Das Schweinefleisch von allen Fett- und Sehnenteilen befreien, so dass nur noch mageres Fleisch übrig ist. Dieses in 0,5 cm dicke Scheiben schneiden und die Scheiben nacheinander zwischen zwei Bögen Klarsichtfolie mit einem Fleischklopfer flach klopfen. Wenn die einzelnen Stücke etwa so dünn sind wie zwei Bierdeckel, müssen Sie sie in einem Zug von der Folie lösen. Mit allen Fleischstücken so verfahren und diese auf einem Blech auslegen. Die Pflaumensauce würzen und die Hälfte des Korianders einrühren. Jede Fleischscheibe in der Mitte mit 1 EL Sauce bestreichen und verteilen, damit rund drei Viertel jedes Fleischstücks mit der Sauce bedeckt ist. Die Scheiben wie Rouladen zusammenrollen. Die Röllchen in ein Bambuskörbchen oder in einen Dämpftopf legen. Sie können auch ein mit Alufolie ausgelegtes Sieb dafür verwenden. Das Körbchen über köchelndes Wasser setzen und das Fleisch 10 bis 15 Minuten dämpfen, bis es gar ist. Die Röllchen herausnehmen, auf einem Bett aus fein geschnittenen Frühlingszwiebeln anrichten, den restlichen Koriander darüber streuen und mit reichlich Sojasauce beträufeln.

Roastbeef mit Kartoffeln und Yorkshire-Pudding

8 PORTIONEN

2,5 kg Hochrippe, Lende oder Hüfte vom Rind, die Knochenenden
sauber abgeschabt • Meersalz und frisch gemahlener schwarzer
Pfeffer • Olivenöl • 3 rote Zwiebeln, halbiert • 3 kg fest kochende
Kartoffeln, geschält • 4 große Pastinaken, geschält und geviertelt •
3 Rosmarinzweige • 4 Knoblauchzehen, geschält • 2 daumengroße
Stücke frischer Ingwer, geschält und in Würfel geschnitten •
etwas Mehl • ½ Flasche kräftiger Rotwein

Bevor Sie anfangen, sollten Sie das Gemüse und den Teig für den Yorkshire-Pudding (siehe Seite 25) vorbereiten. Den Backofen auf 230 °C vorheizen und einen großen Bräter mit massivem Boden auf dem Herd erhitzen. Das Fleisch großzügig mit Salz einreiben und in ein wenig Olivenöl im Bräter auf allen Seiten ein paar Minuten lang anbräunen. Die Zwiebeln dazugeben, so dass sie unter dem Fleisch liegen, und im vorgeheizten Ofen 90 Minuten braten. Die Kartoffeln in Salzwasser etwa zehn Minuten ankochen und in ein Sieb abgießen. Hin- und herschwenken, damit sie ausdampfen können – dann werden sie später wirklich knusprig.

Nach 30 Minuten den Bräter aus dem Ofen nehmen, und die Kartoffeln, Pastinaken und den Rosmarin dazugeben. Knoblauch und Ingwer mit einer Knoblauchpresse darüber verteilen. Den Bräter etwas schütteln und wieder in den Ofen schieben. Nach einer Stunde die Kartoffeln und Pastinaken herausnehmen, in eine Schüssel geben und warm halten, das Fleisch auf einen Teller legen, mit Alufolie abdecken und ruhen lassen; jetzt mit dem Gemüse und den Yorkshire-Puddings weitermachen. In die Yorkshire-Pudding-Formen jeweils 1 cm hoch Olivenöl füllen und vorwärmen. Nach zehn Minuten den Teig einfüllen. Etwa 30 Minuten knusprig backen – die Ofenklappe nicht vorher öffnen, da die Puddings sonst nicht aufgehen.

Den Großteil des Fetts aus dem Bräter entfernen, so dass nur noch die karamellisierten Zwiebeln und der Bratensatz am Boden vorhanden sind. 1 TL Mehl dazugeben und alles miteinander vermischen. Den Bräter auf dem Herd erhitzen und den Rotwein zugießen. Fünf bis zehn Minuten köcheln, dabei mehrfach umrühren, bis die Sauce an der Rückseite eines Löffels haften bleibt. Den Bratensaft vom Beef dazugeben und die Sauce, falls gewünscht mit Wasser oder Brühe verdünnen. Durch ein grobes Sieb streichen und in einer vorgewärmten Sauciere servieren.

P.S.: Servieren Sie die Yorkshire-Puddings und das Gemüse mit etwas Meerrettichsauce und tranchieren Sie das Fleisch am Tisch. Zu Ihrer Information: 1 kg Beef benötigt eine Bratzeit von 30 Minuten plus 20 Extraminuten am Schluss, gleichgültig, wie groß es ist. Diese Zeitangabe gilt für »medium«; nach Belieben können Sie es natürlich etwas länger oder kürzer garen.

Rindsmedaillons mit Morcheln und Marsala
in Crème-fraîche-Sauce

Ein etwas luxuriöses Rezept. Man braucht dafür getrocknete Morcheln und Rindsmedaillons, die beide ihren Preis haben, doch die Zubereitung geht sehr schnell. Rindsmedaillons sind 1 cm dicke Scheiben vom Rindsfilet, die gewöhnlich gegrillt oder gebraten werden. Lassen Sie sich die Medaillons von Ihrem Metzger vorbereiten oder halbieren Sie ein Filetsteak und klopfen Sie es selbst etwas flach.

4 PORTIONEN

2 Hand voll getrocknete Morcheln • 1 Hand voll frischer Thymian,
die Blätter abgezupft • Olivenöl • 8 Rindsmedaillons (je 100 g) •
Meersalz und frisch gemahlener schwarzer Pfeffer • 2 Schalotten,
geschält und fein gehackt • 1 Knoblauchzehe, geschält und fein
gehackt • 1 Weinglas Marsala • 4 EL Crème fraîche

Die getrockneten Morcheln in eine kleine Schüssel geben und kochendes Wasser darüber gießen, bis sie bedeckt sind. Die Hälfte des Thymians fein hacken und mit etwas Olivenöl über die Medaillons geben. Das Fleisch mit den Kräutern und dem Öl einreiben und zehn Minuten marinieren.

Eine große, beschichtete Pfanne erhitzen, die Medaillons auf beiden Seiten salzen, pfeffern und auf jeder Seite gut zwei Minuten anbraten. Das Fleisch ist dann leicht goldbraun und medium – genau so, wie ich es mag. Natürlich können Sie die Medaillons nach Belieben länger oder kürzer braten. Auf einen Teller legen und vier oder fünf Minuten ruhen lassen, während Sie die Sauce zubereiten.

Die Temperatur reduzieren und etwas Olivenöl in die Pfanne geben. Schalotten, Knoblauch und den restlichen Thymian dazugeben. Nach einer Minute die Morcheln abseihen und hinzufügen – ich persönlich lasse drei Viertel davon ganz und hacke den Rest fein. Den Marsala zugießen. Erschrecken Sie nicht, wenn in der Pfanne ein paar Flammen züngeln, das ist gut so und duftet fantastisch. Crème fraîche und Bratensaft zufügen und abschmecken. Die Sauce sollte an der Rückseite eines Löffels haften bleiben – ist sie zu dick, müssen Sie sie mit Wasser verdünnen. Servieren Sie pro Person zwei Medaillons mit Sauce und reichen Sie dazu eine kräftige Beilage wie Kartoffelpüree oder den zerdrückten Sellerie von Seite 216. Aber auch das gedünstete Blattgemüse von Seite 211 passt gut dazu.

P.S.: Wenn Sie am Fensterbrett Thymian ziehen, können Sie ein paar zarte junge Blätter abzupfen und kurz vor dem Servieren über das Fleisch streuen.

Gebackenes Lamm mit Auberginen, Tomaten, Oliven, Knoblauch und Minzöl

4 PORTIONEN

2 Lamm-Rippenstücke (je 7 Koteletts), vorzugsweise vom
Bio-Hof, die Knochenenden sauber abgeschabt •
2 feste Auberginen • 8 reife Eiertomaten • natives Olivenöl extra •
8 Knoblauchzehen, ungeschält • getrockneter Oregano •
Meersalz und frisch gemahlener schwarzer Pfeffer • frisches
Basilikum oder frischer Majoran nach Belieben • 1 Hand voll
Oliven, entsteint • 1 große Hand voll frische Minze • 1 Prise
Zucker • guter Rotweinessig

Den Backofen auf 200 °C vorheizen. Das Fett auf den Kotelettstücken kreuzweise einschneiden – so kann es besser schmelzen und wird schön knusprig. Das Fleisch beiseite stellen. Die Auberginen quer in 2,5 cm dicke Scheiben schneiden, die Tomaten halbieren. Die Auberginenscheiben mit Olivenöl rundum bestreichen und in einer beschichteten Pfanne auf beiden Seiten leicht anbraten, so dass sie etwas Farbe bekommen. Aus der Pfanne nehmen und auf eine Seite eines Bräters legen. Die Tomatenhälften und die ganzen Knoblauchzehen daneben platzieren und mit etwas Oregano und den Gewürzen bestreuen. Sie können außerdem etwas frisches Basilikum oder Majoran über die Tomaten geben.

Das Lamm würzen und in der beschichteten Pfanne auf allen Seiten leicht goldbraun werden lassen. Etwas Olivenöl über das Lamm träufeln, mit der Hautseite nach oben neben die Auberginen und Tomaten in den Bräter legen und im vorgeheizten Ofen 30 Minuten backen, so dass das Fleisch in der Mitte noch etwas rosa ist – oder eben so lange, wie Sie es gerne haben. Für die letzten fünf Minuten die Oliven mit in den Bräter geben. Aus dem Ofen nehmen und fünf Minuten ruhen lassen.

Jetzt das aromatische Pfefferminzöl herstellen: Die Minze mit je einer Prise Salz und Zucker entweder in einem Mörser oder Mixer zu einer glatten Paste verarbeiten. Ein paar EL Rotweinessig zugießen und mit 6 EL Olivenöl lösen. Abschmecken und falls nötig, noch etwas Essig zugeben. Eine herrliche Sauce, die großartig zum Gemüse und zum Lamm passt. Ich schneide die Rippenstücke etwa in der Mitte zwischen den Knochen durch und teile jede »Hälfte« erneut in drei oder vier Koteletts. Zwei Gäste haben immer eine Rippe mehr, aber das muss nicht unbedingt bedeuten, dass sie auch mehr Fleisch bekommen als die anderen beiden.

P.S.: Bitten Sie Ihren Metzger beim Kauf der Kotelettstücke, die Rippenenden für Sie freizulegen, also alles Fleisch und Fett zwischen und an den Knochenenden zu entfernen – das sieht nicht nur besser aus, sondern ist auch leichter zu handhaben.

Pürierte Erbsen mit Minze

Ein fantastisches Rezept, das schnell und einfach geht. Dabei kommen tiefgefrorenen Erbsen zum Einsatz. Dieses Gemüse passt zu Fisch, Fleisch oder sogar als vegetarisches Gericht mit einem dicken Butterklecks obenauf.

4–6 PORTIONEN

2 mittelgroße Kartoffeln, geschält und in kleine Würfel geschnitten •
1 kg Erbsen, tiefgekühlt • 1 Hand voll frische Minzeblätter • 3 EL
Butter • Meersalz und frisch gemahlener schwarzer Pfeffer

Die Kartoffeln in siedendem Salzwasser fast weich garen. Dann die Erbsen dazu in den Topf geben, und nachdem diese zwei Minuten gekocht haben, die Minze einstreuen. Nach einer Minute alles durch ein Sieb abgießen. Eine Minute ausdampfen lassen, dann wieder in den Topf geben und mit einem Kartoffelstampfer zerdrücken. Sie können die Erbsen auch kurz im Mixer zerkleinern. Ob Sie die Mischung nun von Hand stampfen oder die Arbeit dem Mixer überlassen – anschließend nur noch die Butter zufügen und abschmecken.

Die besten gebackenen Zwiebeln der Welt

Ich habe es gefunden! Das beste Zwiebelrezept – es ist einfach klasse, die absolute Zauberformel! Ich mag diese Zwiebeln besonders gern zu Kabeljau, aber auch zu Brathähnchen schmecken sie riesig. Sie müssen es einfach versuchen.

4 PORTIONEN

4 tennisballgroße weiße Zwiebeln, geschält • Olivenöl •
2 Knoblauchzehen, geschält und fein gehackt •
4 frische Rosmarinzweige, die Blätter abgezupft und gehackt •
8 EL Sahne oder Crème double • ein paar Hand voll
geriebener Parmesan • Meersalz und frisch gemahlener
schwarzer Pfeffer • 4 Scheiben Pancetta oder durchwachsener
Räucherspeck (Bacon)

Die Zwiebeln in reichlich Wasser 15 Minuten kochen, bis sie einigermaßen weich sind. Aus dem Topf nehmen und abkühlen lassen. Mit einem scharfen Messer oben 2,5 cm von jeder Zwiebel abschneiden, diese Stücke fein hacken und beiseite stellen. Falls nötig, auch die Unterseite der Zwiebeln eben abschneiden, damit sie auf dem Backblech nicht umfallen. Die Zwiebeln so aushöhlen, dass sie außen intakt bleiben und die ausgehöhlte Masse jeweils etwa 1 gehäuften EL entspricht. Diese Masse ebenfalls fein hacken und zu den restlichen gehackten Zwiebeln geben.

Backofen auf 200 °C vorheizen. Eine Pfanne erhitzen und etwas Olivenöl, den Knoblauch, die gehackten Zwiebeln und ein wenig gehackten Rosmarin hineingeben. Ein paar Minuten weich dünsten, die Temperatur reduzieren, die Sahne oder Crème double zugeben und von der Kochstelle nehmen. Den Parmesan einrühren und würzen.

Ich umwickle den Rand jeder Zwiebel mit einer Scheibe Pancetta oder Räucherspeck und stecke diese mit einem zugespitzten Rosmarinzweig oder einem halbierten Zahnstocher fest. Rosmarin und Pancetta verleihen der Zwiebel während des Backens einen wunderbaren Geschmack. Die Zwiebeln auf ein Backblech setzen und jede mit einigen Löffeln Zwiebelhackmischung füllen. Im vorgeheizten Ofen 25 Minuten backen, bis sie zart und weich sind, wobei die Zeit von der Größe der Zwiebeln abhängt. Hier kann man auch gut mit verschiedenen Käsesorten experimentieren. Probieren Sie es aus!

Gebackene Paprika mit Cocktailtomaten, Basilikum und Majoran

4 PORTIONEN

2 rote oder gelbe Paprikaschoten • Meersalz und frisch
gemahlener schwarzer Pfeffer • 20 Cocktailtomaten • 1 Hand voll
frischer Majoran und Basilikum • 2 Knoblauchzehen, geschält
und in Scheiben geschnitten • natives Olivenöl extra • Sardellen
und Kräuteressig nach Belieben

Backofen auf 200 °C vorheizen. Die Paprikaschoten halbieren und die Kerne entfernen. In eine geölte Backform geben und mit Salz und Pfeffer würzen. Die Cocktailtomaten mit einem Messer einstechen und 30 bis 60 Sekunden in kochendes Wasser legen, bis sich die Schale problemlos abziehen lässt. (Wenn Sie wollen, können Sie sie vor dem Schälen mit kaltem Wasser abschrecken.) Nun die Paprikahälften mit den geschälten Tomaten, den Kräutern und den Knoblauchscheiben füllen und würzen. Anstelle der Gewürze können Sie auch ein paar Sardellen obenauf legen. Olivenöl darüber träufeln. Mit Alufolie locker abdecken und 15 Minuten im vorgeheizten Ofen backen, dann die Folie entfernen und weitere 30 Minuten ohne Folie backen. Ein kleiner Spritzer Kräuteressig auf jeder Paprikahälfte ist das Tüpfelchen auf dem i.

Gedünstetes Blattgemüse

Eine ebenso einfache wie leckere Möglichkeit, um die Zubereitung von Blattgemüse abwechslungsreicher zu gestalten. Wenn man zudem verschiedene Sorten kombiniert, wird die Sache noch spannender. Ich habe drei verschiedene Sorten verwendet, unter anderem auch Rucola, den man meist nur als Salat kennt. Chicorée hat einen leicht bitteren Geschmack und eignet sich vorzüglich zum Dünsten. Falls er nicht erhältlich ist, versuchen Sie ihn durch irgend eine andere Sorte zu ersetzen, etwa Spinat, Weißkohl, Wirsingkohl, Chinakohl, Rote-Bete-Blätter, Romanesco – oder was immer Ihnen schmeckt.

4 PORTIONEN

2 große Hand voll Mangold • 2 große Hand voll Chicorée
oder ein anderes oben erwähntes Blattgemüse • Olivenöl •
2 große Knoblauchzehen, geschält und in feine Scheiben
geschnitten • Meersalz und frisch gemahlener schwarzer Pfeffer •
2 große Hand voll Rucola • ½ Zitrone

Einen großen Topf zur Hälfte mit Salzwasser füllen, das Wasser zum Kochen bringen und Mangold und Chicorée hineingeben. Die Blätter zwei oder drei Minuten al dente oder weich kochen, dann in ein Sieb abgießen. Vier große Spritzer Olivenöl und den Knoblauch in den Topf geben. Den Knoblauch anbraten, bis er etwas Farbe angenommen hat, dann den gekochten Mangold und Chicorée dazugeben. Würzen und umrühren, bis das Gemüse ganz von dem würzigen Öl umhüllt ist. Nach einer Minute von der Kochstelle nehmen, Rucola zugeben und Zitronensaft hineinpressen. Erneut umrühren und abschmecken, dann sofort servieren. Schmeckt zu gegrillten Fleischgerichten und zu Jakobsmuscheln, aber auch kalt auf einem Vorspeisenteller.

Junge Kartoffeln mit Meersalz und Rosmarin

4–6 PORTIONEN

1 kg junge, festkochende Kartoffeln (Drillinge) • 1 EL Olivenöl •
Meersalz und frisch gemahlener schwarzer Pfeffer •
2 Rosmarinzweige, die Blätter abgezupft und zerstoßen

Die Kartoffeln waschen und kochen, bis sie fast weich sind. Abgießen, mit
etwas Olivenöl beträufeln und in 1 EL Meersalz, ein wenig frisch gemahlenem
schwarzen Pfeffer und dem Rosmarin wälzen. Backofen auf 220°C vorheizen.
Die Kartoffeln auf ein Backblech legen und 25 Minuten goldbraun backen. Sie
können sie aber auch in Alufolie wickeln und genauso lang auf den Grill legen.

Dad im Garten

Geröstete Spargelbündel mit Rosmarin, Sardellen und Speck

Dieses Gemüsegericht können Sie entweder als Vorspeise oder als Beilage zu Hähnchen oder Fisch servieren. Die Spargelbündel sehen nicht nur sehr gut aus, sie haben auch ein sensationelles Aroma, das sich durch das Backen im Ofen entfaltet. Auf der Abbildung werden die Sträußchen von einer Schnur zusammengehalten, es lohnt sich aber, Pancetta oder Räucherspeck dazu zu verwenden.

4 PORTIONEN

24 mittelgroße Stangen grüner Spargel • 4 Rosmarinzweige • 4 Sardellenfilets • 4 dünne Scheiben Räucherspeck (Bacon) • ½ Zitrone • Olivenöl • 1 Stückchen Butter • Meersalz und frisch gemahlener schwarzer Pfeffer

Backofen auf 220 °C vorheizen. Die Enden des Spargels umbiegen und abschneiden. Wenn Sie möchten, den Spargel schälen. Kochen Sie ihn eine Minute, wenn er nicht so zart ist, wie er es sein könnte. Nehmen Sie sechs Spargelstangen, stecken Sie einen Rosmarinzweig und ein Sardellenfilet dazwischen und umwickeln Sie das ganze Bündel in der Mitte mit einer Scheibe Räucherspeck, um alles zusammenzuhalten. Stellen Sie auf dieselbe Weise drei weitere Sträußchen her und legen Sie sie zusammen mit einer halben Zitrone auf ein kleines Backblech oder in eine Pfanne. Mit etwas Olivenöl beträufeln und im vorgeheizten Ofen vier bis fünf Minuten bzw. so lange backen, bis der Speck knusprig ist. Aus dem Ofen nehmen, ein Stück Butter darüber geben und den Saft der gebackenen Zitrone darüber pressen. Falls nötig würzen. Mit den geschmolzenen Sardellen ergibt dies eine herrliche Sauce mit Räuchergeschmack – einfach lecker!

Pürierter Sellerie

Ein einfaches und erfrischendes vegetarisches Gericht. Leider scheinen viele Leute mit Sellerie ein Problem zu haben, dabei schmeckt er herrlich – in Suppen oder fein geschnitten im Salat. Wenn man ihn röstet, wird er süß, mit Kartoffeln vermischt und zerdrückt ist er der pure Genuss.

4 PORTIONEN

1 Sellerieknolle, geschält • Olivenöl •
1 Hand voll frische Thymianblätter •
2 Knoblauchzehen, fein gehackt •
Meersalz und frisch gemahlener schwarzer
Pfeffer • 3–4 EL Wasser oder Brühe

Von der Unterseite der Knolle etwa 1 cm abschneiden und die Knolle auf die flache Seite setzen. Jetzt können Sie sie problemlos in Scheiben und dann in 1 cm große Würfel schneiden – lassen Sie das Lineal jedoch ruhig in der Schublade, sie müssen keineswegs perfekt sein. Stellen Sie eine Kasserolle auf große Flamme, geben Sie drei großzügige Spritzer Olivenöl hinein und fügen Sie den Sellerie, Thymian und Knoblauch sowie etwas Salz und Pfeffer hinzu. Umrühren und fünf Minuten lang anbraten, so dass alles etwas Farbe bekommt. Die Temperatur bis zum Köcheln reduzieren, Wasser oder Brühe zugießen, und den Sellerie zugedeckt rund 25 Minuten weich kochen. Sorgfältig abschmecken und mit einem Löffel etwas zerdrücken. Der eine bevorzugt den Sellerie in Würfeln, der andere stampft ihn lieber zu Brei. Ich finde, der Sellerie sieht schöner aus und schmeckt auch besser, wenn man den Mittelweg wählt und ihn lediglich leicht zerdrückt. Sie können ihn zu allen Fleischsorten servieren, die Ihnen in den Sinn kommen.

Gebackene Artischocken mit Mandeln, Semmelbröseln und Kräutern

So ein vegetarisches Gericht ist vielseitig einsetzbar – als Vorspeise ebenso wie als Beilage zu Fleisch oder Fisch.

4 PORTIONEN

8 mittelgroße Artischocken • 1 Zitrone • 2 Knoblauchzehen, fein gehackt • 1 Hand voll ganze Mandeln, fein gehackt • 2 Hand voll grobe Semmelbrösel • 1 Hand voll frische Minze, fein gehackt • 1 Hand voll frische Petersilie, fein gehackt • Meersalz und frisch gemahlener schwarzer Pfeffer • natives Olivenöl extra • 2 Glas Weißwein

Um die Artischocken vorzubereiten (siehe Abbildungen auf der linken Seite), müssen Sie zunächst 5 cm von der Spitze abschneiden. Nun noch die grünen Blätter einzeln entfernen, bis Sie zu den blassgelben und zarteren Schichten gelangen. Mit einem spitzen Teelöffel das faserige »Heu« im Zentrum der Artischocke entfernen. Arbeiten Sie sorgfältig und versuchen Sie, möglichst alles davon herauszuholen. Den Stängelansatz abschälen oder auf der Tischkante abbrechen. Die Artischocke mit Zitrone abreiben, damit sie sich nicht verfärbt. Fahren Sie so fort, bis acht schöne Artischockenböden vor ihnen liegen.

Backofen auf 200 °C vorheizen. Knoblauch, Mandeln, Semmelbrösel und Kräuter in einer Schüssel vermengen, würzen und mit etwas Olivenöl auflockern. Die Mischung mit den Händen zusammendrücken, die Artischocken damit üppig füllen und diese dann dicht nebeneinander in eine entsprechend große Backform setzen. Reste der Füllung darüber streuen, großzügig mit Olivenöl beträufeln und den Wein dazugießen. Ein ausreichend großes Stück Pergamentpapier mit Wasser befeuchten und die Artischocken sowie die Ränder der Form damit bedecken. Im vorgeheizten Ofen 30 Minuten backen, dann das Papier entfernen und weitere zehn Minuten backen. Zu Meeresfrüchten oder hellem Fleisch servieren.

Gebackenes Gemüse

Ich mag gebackenes Gemüse sehr gerne. Für ein Familienessen bietet es sich an, vier bis fünf verschiedene Gemüsesorten auf einem Blech zu garen – das macht so gut wie keine Arbeit und ist immer ein Leckerbissen. Bestimmte frische Kräuter und Gewürze passen ganz fabelhaft zu bestimmten Gemüsesorten. Jeder soll sein Gemüse so würzen, wie es ihm am besten schmeckt – aber wenn Sie die folgenden Tipps beherzigen, können Sie Ihrem Gemüse noch den letzten Schliff verleihen.

Sie sollten das Gemüse in ähnlich große Stücke schneiden, damit die Garzeit in etwa gleich ist, jedes separat mit den entsprechenden Aromen vermischen und großzügig würzen.

Backofen auf 220°C vorheizen. Die Gemüsesorten nebeneinander auf ein großes Backblech legen und mit Alufolie zudecken. Im vorgeheizten Ofen 20 Minuten backen, dann die Folie entfernen und 20 bis 30 Minuten weiterbacken, bis das Gemüse goldbraun und weich ist. Wenn aus irgendeinem Grund eine Sorte früher fertig sein sollte als eine andere, nehmen Sie diese aus dem Ofen und stellen sie in einer Servierschüssel warm.

P.S.: Sie können so viele verschiedene Gemüsesorten zusammen rösten, wie Sie wollen, oder auch nur eine oder zwei. Das bleibt ganz Ihnen überlassen.

- halbierte Karotten mit einer Prise Kreuzkümmel, Rosmarin und Olivenöl
- geviertelte Pastinaken mit zerstoßenem Thymian, Honig und Olivenöl
- geschälter und in Scheiben geschnittener Sellerie mit Thymian, Rosmarin und Olivenöl
- Kürbisstückchen mit zerstoßenen Korianderkörnern, einer Idee Chili, Oregano und Olivenöl
- geviertelter Fenchel mit dem Grün und Olivenöl
- ganze junge Rübchen mit Estragon, einem Spritzer Weißweinessig und Olivenöl
- geputzte und halbierte Topinambur mit Majoran, Rosmarin und Olivenöl

Gebackener Fenchel mit Cocktailtomaten, Oliven, Knoblauch und Olivenöl

Eine prima Kombination, die nicht nur lecker und frisch schmeckt, sondern auch gesund ist. Reste kann man klein hacken und daraus – vielleicht mit etwas Ricotta und Parmesan – ein attraktives Pastagericht zaubern. Wenn Sie Hähnchenbrüste auf den Fenchel und die Tomaten legen, bevor Sie das Gemüse im Ofen backen, ergibt das ein leckeres Hauptgericht.

6 PORTIONEN

2 Fenchelknollen • 24 Cocktailtomaten • 1 große Hand voll schwarze Oliven, entsteint • 1 kleine Hand voll frische Thymianblätter • 2 Knoblauchzehen, geschält und in feine Scheiben geschnitten • Meersalz und frisch gemahlener schwarzer Pfeffer • natives Olivenöl extra • 1 Glas Weißwein, Wermut oder Pernod • 2 Stückchen Butter

Stiele und Kraut von der Fenchelknolle abtrennen, fein schneiden und auf ein Backblech geben. Die Fenchelknollen vierteln, die Viertel erneut halbieren und zehn Minuten in siedendem Salzwasser garen. Während der Fenchel gart, den Backofen auf 220 °C vorheizen und die Haut der Cocktailtomaten einstechen. Den Fenchel nach zehn Minuten mit einem Schaumlöffel herausnehmen und ebenfalls auf das Backblech legen. Die Tomaten 45 Sekunden im Fenchelwasser blanchieren, abgießen und mit kaltem Wasser abschrecken. Die Haut abziehen und die Tomaten mit auf das Blech legen. Schließlich noch Oliven, Thymian und Knoblauch zufügen und mit Salz und Pfeffer würzen. Zwei Spritzer Olivenöl darüber träufeln und vermischen. Versuchen Sie alle Zutaten möglichst so zu verteilen, dass nicht mehrere übereinander liegen. Den Wein zugießen und die Butterstücke über dem Gemüse verteilen. Im vorgeheizten Backofen auf der mittleren Schiene 30 Minuten backen.

Mangold mit weißen Bohnen

4 PORTIONEN

2 große Hand voll zarter junger Mangold, gewaschen •
1 kleine Hand voll Thymian- oder Bohnenkrautblätter •
2 Knoblauchzehen, geschält und in feine Scheiben geschnitten •
2 Sardellenfilets • natives Olivenöl extra • 1 Dose weiße Bohnen
(400 g), abgetropft • 1 großes Stück Butter • Meersalz und frisch
gemahlener schwarzer Pfeffer • ½ Zitrone

Den Mangold in siedendem Salzwasser weich kochen, abgießen und beiseite stellen. Kräuter, Knoblauch und Sardellen im selben Topf mit ein paar Spritzern Olivenöl anbraten. Die Bohnen mit 1 EL Wasser zufügen. Nach einer Minute den Mangold und die Butter zugeben. Miteinander vermischen und mit Salz, Pfeffer und etwas Zitronensaft abschmecken. Sofort servieren – passt eigentlich zu allem.

Kürbis à la Hamilton

Zu diesem Rezept wurde ich durch ein Gespräch mit meinem Kollegen Johnny Boy Hamilton inspiriert. Er hatte in Paris viel zu viel Fleisch gegessen und sich deshalb eines Nachts entschlossen, Vegetarier zu werden. Johnny verwendete keinen Butternuss-Kürbis und eine Art grünen Reis, aber wie dem auch sei, ich habe es auf meine Art versucht und halte das Rezept für ganz große Klasse. Der Reis muss nicht vorher gekocht werden, da er während des Garens im Inneren des Kürbisses genügend Feuchtigkeit aufnimmt.

4 PORTIONEN

1 kleine Hand voll getrocknete Steinpilze • 1 Butternuss-Kürbis,
halbiert und die Kerne entfernt • Olivenöl • 1 rote Zwiebel, fein
gehackt • 1 Knoblauchzehe, fein gehackt • 1 TL Korianderkörner,
zerstoßen • 1–2 Prisen getrockneter Chili, nach Belieben •
2 Rosmarinzweige, Blätter abgezupft und fein gehackt •
5 sonnengetrocknete Tomaten, gehackt • Meersalz und frisch
gemahlener schwarzer Pfeffer • 100 g Basmati-Reis •
½ Hand voll Pinienkerne, leicht angeröstet

Als erstes die Steinpilze fünf Minuten in 150 ml kochendem Wasser einweichen. Backofen auf 230 °C vorheizen. Mit einem Teelöffel aus den Kürbislängshälften (siehe die Fotos auf der gegenüberliegenden Seite) einen Teil des Fruchtfleisches herauskratzen. Dieses Fleisch mit den Kürbiskernen fein hacken und mit vier Spritzern Olivenöl, der Zwiebel, dem Knoblauch, den Korianderkörnern, dem Chili und Rosmarin sowie den getrockneten Tomaten in einen Topf geben. Vier Minuten weich dünsten, dann die Steinpilze und die Hälfte des Einweichwassers zugeben. Weitere zwei Minuten kochen und dann erst würzen. Reis und Pinienkerne einrühren, die Mischung großzügig in die Kürbishälften füllen und diese zusammendrücken. Den Kürbis außen mit etwas Olivenöl einreiben, in Alufolie wickeln und im vorgeheizten Ofen etwa 75 Minuten backen.

Schnittbohnen mit Tomatensauce

6 PORTIONEN

700 g Schnittbohnen, in 5 cm lange Stücke geschnitten •
2 Knoblauchzehen, fein gehackt • einige Spritzer natives
Olivenöl extra • 1 Dose gehackte, geschälte Tomaten (400 g) •
Meersalz und frisch gemahlener schwarzer Pfeffer

Die Bohnen in reichlich kochendem Salzwasser blanchieren, bis sie weich sind. In der Zwischenzeit die Tomatensauce zubereiten: Knoblauch in etwas Olivenöl anbraten, Tomaten zufügen und zum Kochen bringen, würzen und 15 Minuten köcheln lassen, bis eine dicke Sauce entstanden ist. Mit den Gewürzen abschmecken. Wenn die Bohnen gar sind, in die Sauce einrühren.

DIE WUNDERBARE WELT DES BROTS Ich bin verrückt nach Brot! Es ist einfach außerordentlich aufregend. Als mein Freund Bernie – übrigens ein hervorragender Bäcker – und ich versuchten, unser Sauerteigrezept zu perfektionieren, war das ziemlich lustig: Wir saßen wie zwei Schwangere am Telefon, um jeden Tag aufs Neue das Gedeihen unserer »Babys« zu besprechen. So weit kommt es, wenn man Brot backt! Es ist eine lohnende und greifbare Angelegenheit und man platzt fast vor Stolz, wenn man den Dreh erst einmal raus hat.

Auch wenn Mehl, Gärungsprozess und all das zugegebenermaßen eine Wissenschaft für sich sind, finde ich es toll, dass man aus einem einfachen Brotrezept unendlich viel machen kann.

Brot backen kann jeder. Auf den Abbildungen zu den einzelnen Schritten haben wir Kinder dabei fotografiert – wenn es Kinder können, können Sie es ganz bestimmt auch. Um Ihnen zu beweisen, dass man mit ein bisschen Brot und etwas Fantasie ganz schön weit kommt, stelle ich Ihnen neun herrliche Brotsorten vor, die Sie am Sonntagmorgen in Schwung bringen werden. Also dann – nichts wie ran an den Teig!

Grundrezept für Brotteig

1 kg Mehl, Typ 550 (Backstark) • 625 ml lauwarmes Wasser •
30 g frische Hefe oder 3 Päckchen (je 7 g) Trockenhefe •
2 EL Zucker • 2 gestrichene EL Meersalz • Mehl zum Bestäuben

1. Schritt: Hefe verrühren

Das Mehl auf die Arbeitsfläche häufen und in die Mitte eine große Vertiefung
drücken. Die Hälfte des Wassers in die Vertiefung gießen, Hefe, Zucker und Salz
dazugeben und mit einer Gabel verrühren.

2. Schritt: Das Mehl einarbeiten

Vorsichtig das Mehl von den Innenseiten der Vertiefung einarbeiten (die »Mehl-
wände« sollten nicht zerstört werden, da das Wasser sonst in alle Richtungen
ausläuft), bis die Mischung eine zähe, breiige Konsistenz hat – dann das restliche
Wasser zugießen. Weiterhin vermischen, bis die Masse wieder zäh geworden ist,
dann können Sie das gesamte Mehl einarbeiten, bis die Mischung nicht mehr klebt.
Bestäuben Sie Ihre Hände mit Mehl, dann schlagen und drücken Sie den Teig
zusammen. Bei manchen Mehlsorten ist mehr oder weniger Wasser nötig und die
Menge muss entsprechend angepasst werden.

3. Schritt: Kneten!

Hier müssen Sie sich etwas anstrengen! Jetzt ist »Armschmalz« gefragt. Denn vier
bis fünf Minuten lang muss der Teig immer wieder gedrückt, gefaltet, geschlagen
und gerollt werden, bis er seidig glänzt und elastisch geworden ist.

4. Schritt: Erstes Aufgehen

Den Teig mit Mehl bestäuben. In eine Schüssel geben, mit Frischhaltefolie
bedecken und etwa 30 Minuten aufgehen lassen, bis sich sein Volumen verdoppelt
hat – der ideale Ort dafür ist warm, feucht und frei von Zugluft. Dadurch verbessern
sich Geschmack und Struktur des Teigs. Außerdem ist es immer aufregend zu
sehen, dass die Hefe in Aktion getreten ist.

5. Schritt: Zweites Aufgehen, Würzen und Formen

Hat der Teig sein Volumen verdoppelt, müssen Sie etwa 30 Sekunden lang die Luft herausschlagen, indem Sie ihn auf die Arbeitsplatte werfen und zusammendrücken. Jetzt können Sie ihn so formen und würzen, wie es zum Füllen, auf dem Blech backen oder zu was auch immer nötig ist. Danach lassen Sie ihn ein zweites Mal etwa 30 Minuten gehen, bis er sein Volumen noch einmal verdoppelt hat. Das ist der wichtigste Teil, beim zweiten Aufgehen erhält der Teig die Luft, die in das Brot eingebacken wird. Erst sie ist für die leichte und weiche Struktur verantwortlich, die wir an frischem Brot so lieben. Also wie vorher – den Teig einfach gehen lassen!

6. Schritt: Das Backen

Setzen Sie das Brot behutsam auf ein mit Mehl bestäubtes Backblech in den vorgeheizten Ofen und schließen Sie die Ofenklappe vorsichtig, damit die notwendige Luft nicht entweichen kann. Backzeit und Temperatur des Backofens dem jeweiligen Rezept entsprechend anpassen. Ob das Brot fertig gebacken ist, kann man durch leichtes Klopfen auf die Unterseite feststellen. Wenn es hohl klingt, ist es fertig, falls nicht, muss es noch etwas weiterbacken. Das gebackene Brot aus dem Ofen nehmen und auf einem Gitter mindestens 30 Minuten auskühlen lassen – das war's. Übrig gebliebenes Brot können Sie jederzeit einfrieren.

Gefüllte Focaccia mit Käse und Rucola

Grundrezept für Brotteig (siehe Seite 236) •
natives Olivenöl extra • 170 g Parmesan, gerieben • 200 g Fontina,
Cheddar oder ein anderer gut schmelzender Käse, gerieben •
150 g milder Gorgonzola, zerkrümelt • 2 große Hand voll Rucola •
1 Hand voll frische Majoranblätter • Salz und frisch gemahlener
schwarzer Pfeffer • Olivenöl • nach Belieben frische
Salbei- oder Thymianblätter

Verfahren Sie nach dem Grundrezept für Brotteig bis zu Schritt 5, dem Formen des Teigs. Rollen Sie ihn 1 cm dick zu einem großen Rechteck aus. Legen Sie ihn so auf ein mit Mehl bestäubtes Backblech, dass sich die eine Hälfte auf dem Blech befindet und die andere auf einer Seite überhängt. Die Teighälfte auf dem Backblech mit drei großzügigen Spritzern Olivenöl beträufeln und diese auf dem Teig verstreichen. Dann den Käse, die Rucolablätter und den Majoran darauf legen und leicht würzen. Alle Zutaten mit den Fingern in den Teig drücken. Mit dem überhängenden Teig die Füllung bedecken, Teig an den Rändern gut zusammendrücken, so dass die beiden Lagen fest miteinander verbunden sind. Ich schlage den Teig nach unten um, so dass er gut auf dem Blech liegt. Die Oberseite mit etwas Olivenöl einpinseln und vielleicht noch ein paar frische Kräuter wie Salbei oder Thymian darüber streuen.

Aufgehen lassen und, wenn sich das Volumen verdoppelt hat, im vorgeheizten Ofen bei 180 °C etwa 25 Minuten goldgelb backen. Die Focaccia sollte etwa 25 Minuten ruhen, bevor Sie sie genießen. Ein herrliches Gebäck! Wenn Sie es in Stücke schneiden, in Pergamentpapier oder Alufolie wickeln und in der Tiefkühltruhe aufbewahren, kann es für hungrige Mitternachtsgäste jederzeit aufgebacken werden.

Gennaros Grande Cappella Rossa Calzone

Mein Londoner »Ersatzvater« Gennaro Contaldo verarbeitet in diesem Rezept alle übrig gebliebenen Antipasti. Einfach super — ein perfekter Snack.

ERGIBT 8 STÜCK

Grundrezept Brotteig (siehe Seite 236) • 1 Zwiebel, geschält und grob gehackt • 3 Knoblauchzehen, geschält und in feine Scheiben geschnitten • 1 Aubergine, grob gehackt • 3 Zucchini, grob gehackt • 2 Dosen Tomaten (je 400 g) • Meersalz und frisch gemahlener schwarzer Pfeffer • nach Belieben Oliven • 2 Hand voll frisches Basilikum • 1 Kugel Büffel-Mozzarella

Zwiebeln, Knoblauch und Auberginenstückchen in einem großen Topf in etwas Olivenöl auf großer Flamme anbraten. Nach vier Minuten die Zucchini zugeben. Noch fünf Minuten weiter braten, dann die Tomaten hinzufügen. Zum Kochen bringen und eine Stunde langsam köcheln, bis die Masse ziemlich zähflüssig und dick geworden ist — achten Sie darauf, dass sie nicht am Topfboden ansetzt. Von der Kochstelle nehmen, gut abschmecken und eventuell noch einige Oliven zugeben. Nach dem Abkühlen Basilikum und Mozzarella darunter mischen.

Während die Füllung gart, fertigen Sie den Teig nach dem Grundrezept für Brotteig bis zu Schritt 5 und teilen ihn dann in acht Portionen auf. Diese zu Kugeln rollen und mit Mehl bestäuben. Dann zu kleinen, etwa 0,5 cm dicken Fladen ausrollen. Einen guten Löffel Füllung in die Mitte jedes Teigstücks geben, die Ränder mit ein wenig Wasser bepinseln, die Fladen dann zur Hälfte zusammenklappen und an den Rändern zusammendrücken, um sie zu verschließen. Manche tun das mit einer Gabel, ich nehme lieber die Finger dazu. Mehl darüber stäuben, mit den anderen Teigkugeln ebenso verfahren und die fertigen Teigtaschen auf ein mit Mehl bestäubtes Backblech setzen. Fünf Minuten ruhen lassen, dann die Oberseiten einschneiden, damit die Füllung während des Backens ein wenig herauslaufen kann. Im vorgeheizten Ofen bei 180 °C etwa 20 Minuten goldbraun backen, bis sie wie zum Anbeißen aussehen. Auskühlen lassen. Das leckere Gebäck eignet sich für ein Picknick ebenso wie als Reiseproviant.

Honig-Bananen-Brot

Grundrezept für Brotteig (siehe Seite 236) • 6 Bananen •
8 EL flüssiger Honig • nach Belieben 1 Hand voll Mandeln, gehackt

Die Bananen schälen und im Mixer oder mit dem Pürierstab zerkleinern. Das Ergebnis wird überraschend flüssig sein. In einen Messbecher gießen und bis zur benötigten Flüssigkeitsmenge von 625 ml mit Wasser auffüllen. Verwenden Sie in Schritt 1 des Grundrezepts für Brotteig diese Bananen-Wasser-Mischung anstelle des Wassers, um dem Brot Geschmack und Biss zu verleihen. Geben Sie zu diesem Zeitpunkt auch die Hälfte des Honigs und gegebenenfalls die Mandeln in den Teig. Dann wie beschrieben mit dem Rezept fortfahren.

Bei Schritt 5 den Teig in zehn Bällchen portionieren. Diese nebeneinander auf ein mit Mehl bestäubtes Backblech setzen und dort aufgehen lassen. Bevor Sie das Blech in den Ofen schieben, das Brot noch großzügig mit dem restlichen Honig beträufeln, so dass es an der Oberseite karamellisiert und schön goldbraun wird. Im vorgeheizten Ofen bei 190 °C etwa 20 Minuten backen. Kurz abkühlen lassen, aber am besten noch warm mit viel Butter und einem Glas Milch zum Frühstück genießen. Sie können daraus auch einen herrlichen Brot-und-Butter-Pudding zubereiten oder es aufbacken und sich mit Eiskrem schmecken lassen.

Walnussbrot

Für dieses ganz spezielle Brot benötigen Sie 500 g Weizen-Vollkornmehl (Typ 1050) und 500 g weißes Mehl (anstelle von ausschließlich weißem Mehl, wie es im Grundrezept für Brotteig verwendet wird).

P.S.: Bei der Verwendung von Vollkornmehl müssen Sie oft etwas mehr Wasser zufügen, um einen elastischen, geschmeidigen Teig zu erhalten.

Grundrezept für Brotteig (siehe Seite 236) mit 500 g Weizen-
Vollkornmehl aus kontrolliertem Anbau (Typ 1050) und
500 g Weizenmehl (Typ 405) • 450 g Walnüsse, geschält •
120 g getrocknete Aprikosen, sehr fein gehackt •
120 g Butter, zimmerwarm

Denken Sie daran, bei Schritt 1 des Grundrezepts beide Mehlsorten anstelle von nur weißem Mehl zu verwenden und fahren Sie mit Schritt 2 fort.

Die Hälfte der Walnüsse grob, die andere Hälfte fein zerstoßen. In Schritt 2 die Nüsse zusammen mit den Aprikosen und der Butter mit dem nach dem Grundrezept hergestellten Brotteig vermischen.

Dem Grundrezept bis zu Schritt 5 weiter folgen. Ich persönlich teile diesen Teig gewöhnlich in vier Portionen auf, rolle diese zu länglichen Stücken aus und lege sie nebeneinander auf ein mit Mehl bestäubtes Backblech. Aber Sie können die Brote natürlich auch in jeder anderen Größe oder Form backen. Lassen Sie den Teig aufgehen, bis er sein Volumen verdoppelt hat, bestäuben Sie ihn mit Mehl und backen Sie ihn etwa 30 Minuten im vorgeheizten Ofen bei 180 °C zart goldbraun. Das Brot sollte 30 Minuten auskühlen, bevor Sie es sich schmecken lassen. Zu Käse und Chutney ist es besonders köstlich.

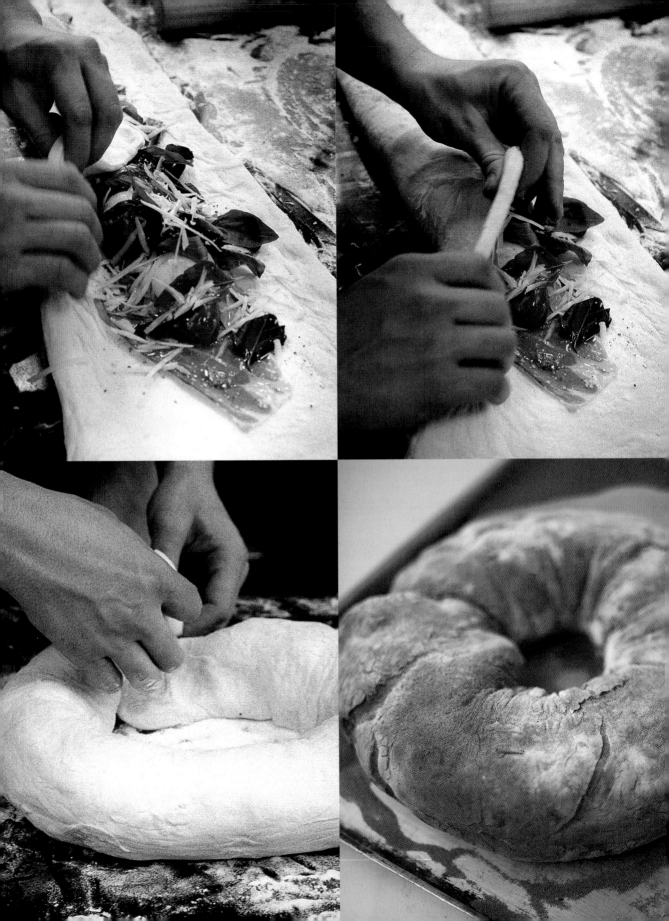

Brotkranz mit Parmaschinken, Käse, Ei und Basilikum

Grundrezept für Brotteig (siehe Seite 236) • 10 Scheiben
Parmaschinken • 8 große Bio-Eier, 8 Minuten gekocht und
geschält • 400 g Käse (ein Mix aus Cheddar, Fontina, Parmesan
oder irgendwelche Reste, die verbraucht werden müssen),
gerieben • 2 Hand voll frisches Basilikum • nach Belieben:
sonnengetrocknete Tomaten oder Eiertomaten und Oliven,
halbiert • natives Olivenöl extra • Meersalz und frisch
gemahlener schwarzer Pfeffer

Gehen Sie nach dem Grundrezept für Brotteig bis zu Schritt 5 vor, bestäuben Sie
den Teig mit Mehl und rollen Sie ihn zu einem ungefähr 1 m langen, 18 bis 20 cm
breiten und etwa 1 cm dicken Rechteck aus.

Über die gesamte Länge des Brotteigstreifens in der Mitte Parmaschinken, Eier,
Käse, Basilikum, Tomaten und gegebenenfalls die Oliven verteilen. Mit Olivenöl
beträufeln, salzen und pfeffern. Den Teig von beiden Längsseiten über die Füllung
klappen. Die beiden Enden zu einem Kranz oder Ring zusammendrücken und
festklopfen. Auf ein mit Mehl bestäubtes Backblech legen, 15 Minuten aufgehen
lassen, mit Mehl bestäuben und im vorgeheizten Ofen bei 180 °C etwa 35 Minuten
goldbraun backen. Auskühlen lassen. Entweder zu einem Picknick mitnehmen und
dort anschneiden – wenn Sie Glück haben, ist das Gebäck in der Mitte noch warm –
oder einfach so genießen. Klasse!

Zucchini-Brot

Grundrezept für Brotteig (siehe Seite 236) • 6 große Zucchini, gerieben (mit einer Käsereibe) • 1 kleine Hand voll frischer Thymian, die Blätter abgezupft • 200 g Ziegenkäse, zerbröckelt

Beim ersten Schritt des Grundrezepts für Brotteig 285 ml der angegebenen Wassermenge sowie die Zucchiniraspel und den Thymian zugeben. Vermischen und den Teig mit den Händen zusammendrücken – da die Zucchini Wasser abgeben, ist es wahrscheinlich nicht notwendig, in Schritt 2 das restliche Wasser zuzugießen. Wenn Sie jedoch das Gefühl haben, dass der Teig noch nicht feucht genug ist, können Sie einen Teil des Wassers dazugeben. Verfahren Sie bis zu Schritt 5 weiter nach dem Grundrezept, bis der Teig elastisch ist und nicht mehr klebt. Jetzt den Ziegenkäse in den Teig kneten – das ist eine vorzügliche Kombination. Ich forme aus dem Teig meistens einen großen, runden Laib und bestäube diesen mit Mehl. Legen Sie ihn auf ein mit Mehl bestäubtes Backblech und lassen Sie ihn gehen, bis sich sein Volumen verdoppelt hat. Im vorgeheizten Ofen bei 180 °C etwa 30 Minuten backen, bis das Brot knusprig ist und hohl klingt, wenn man darauf klopft. Getoastet und mit Frisch- oder Schmelzkäse bestrichen schmeckt es ebenso gut wie als Sandwichbrot.

Zwiebel-Baguettes

4–6 STÜCK

Grundrezept für Brotteig (siehe Seite 236) • Olivenöl •
2 Knoblauchzehen, geschält und in Scheiben geschnitten •
1 Hand voll frischer Thymian, die Blätter abgezupft •
3 weiße Zwiebeln, fein geschnitten • Meersalz und frisch
gemahlener schwarzer Pfeffer • 1 Schuss Weißweinessig

Gebe Sie vier großzügige Spritzer Olivenöl, den klein geschnittenen Knoblauch
und den Thymian in einen Topf. Die Zwiebeln dazugeben, zudecken und vier bis
fünf Minuten dünsten, bis sie Wasser gezogen haben. Entfernen Sie den Deckel
und lassen Sie die Flüssigkeit eine Minute langsam verkochen, bis die Zwiebeln
schön glasig, schmackhaft und farblos sind. Mit den Gewürzen abschmecken und
einen Schuss Essig zugeben.

Während die Zwiebeln garen, bereiten Sie den Teig nach dem Grundrezept bis
Schritt 5 vor. Dann teilen Sie ihn in vier oder sechs Portionen auf, bestäuben diese
mit Mehl und formen sie zu klassischen Baguettes. Auf ein mit Mehl bestäubtes
Backblech legen und jedes Baguette mit der Zwiebelmischung bestreichen.
Aufgehen lassen, bis sich das Volumen des Teigs verdoppelt hat und dann
im vorgeheizten Ofen 15 Minuten bei 180°C goldbraun und knusprig backen.
Die Zwiebeln brennen an den Spitzen meist ein wenig an, aber das gehört dazu.
Das Ergebnis schmeckt ganz wunderbar. Ein fantastisches, süßliches Brot, das Sie
in einem Korb auf den Tisch stellen können – es schmeckt zu allem sehr lecker.

Frühstücks-Focaccia mit süßen Kirschen

Grundrezept für Brotteig (siehe Seite 236) •
1 kg Kirschen • 4 gehäufte EL Zucker mit 1 Päckchen
Vanillinzucker vermischt • 120 g Butter

Die Kirschkerne einfach mit der Hand oder mit Hilfe eines entsprechenden Kirschentsteiners entfernen – damit der Kirschsaft Ihnen nicht auf die Kleidung spritzt, schützen Sie sich am besten mit einer Schürze. Sind alle Kerne entfernt, bestreuen Sie die Kirschen mit 2 EL Zucker und stellen sie beiseite, während Sie den Brotteig zubereiten.

Gehen Sie nach dem Grundrezept bis zum Formen des Brotes in Schritt 5 vor. Wenn Sie zwei kleinere Kirschbrote backen möchten, können Sie den Teig in zwei Hälften teilen. Den Teig etwa 4 cm dick flachdrücken oder ausrollen. Ob Sie runde Brote backen oder ein mit Mehl bestäubtes rechteckiges Backblech mit dem Teig auslegen, bleibt ganz Ihnen überlassen. Dann die Kirschen gleichmäßig auf dem Teig verteilen und hineindrücken, wie Sie es mit dem Belag einer herkömmlichen Focaccia machen würden – drücken Sie mit den Fingern bis zum Boden und »graben« Sie die Kirschen richtiggehend ein. Bestreuen Sie den Fladen dann mit dem restlichen Zucker. Verteilen Sie nun noch kleine Butterstückchen über die Oberfläche. Den Teig aufgehen lassen, bis sich sein Volumen verdoppelt hat, in den vorgeheizten Ofen schieben und bei 180 °C etwa 25 bis 30 Minuten backen, bis das Brot etwas Farbe angenommen hat. Am besten servieren Sie es noch warm mit frischer Butter und einer Tasse Milchkaffee. Man kann es auch portionsweise einfrieren, im Ofen aufbacken und mit Vanilleeis als Dessert servieren. Lecker!

Sauerteigbrot

Sauerteigbrot ist das ursprüngliche, echte, natürliche Brot. Ich verwende keine handelsübliche Hefe, sondern backe das Brot mit natürlichen Treibmitteln aus der Luft. Bernie, mein australischer Kochfreund, und ich hatten es uns voriges Jahr zur Aufgabe gemacht, das perfekte Sauerteigbrot zu backen – wie ich meine, ist es uns gelungen. Der Laib aus Sauerteig hat Biss, seine Struktur ist feinporig und die knusprige Kruste, die die Feuchtigkeit im Inneren hält, ist genial: das ultimative Brot schlechthin. Die Methode erstreckt sich über eine ganze Woche – ist der Teigansatz aber erst einmal vorhanden, kann man das Brot täglich backen.

Noch ein Tipp: Sie sollten für den ersten Ansatz Roggenmehl aus kontrolliertem Anbau verwenden, da dieses Mehl natürliche Hefen und Bakterien enthält. Jede Art von Zusätzen oder Chemikalien können das Wachstum der Mikroflora hemmen.

Montag Vermischen Sie 500 g Roggenmehl aus kontrolliertem Anbau in einer Schüssel mit so viel Wasser, dass ein weicher Teig entsteht. Stellen Sie den Teig eine Stunde ins Freie, bringen Sie ihn wieder in die Wohnung, stellen Sie ihn an einen warmen Platz, und decken Sie ihn mit Frischhaltefolie ab.

Dienstag Der Teig beginnt, Blasen zu bilden. Lassen Sie ihn in Ruhe.

Mittwoch Die Mischung bildet weiter Blasen und verfärbt sich leicht gräulich. Rühren Sie eine Hand voll Mehl und ein wenig Wasser ein, bis die Mischung wieder dieselbe Konsistenz wie am Montag aufweist. Erneut zudecken und in Ruhe lassen.

Donnerstag Ruhen lassen.

Freitagnachmittag Jetzt sollte die Mischung bierartig und aschfarben sein, nach Malz riechen, voll natürlicher Hefen sein und viel Charakter haben. Backen Sie Ihr Brot, indem Sie diesen Teigansatz mit 1 kg kräftigem Mehl vermengen und dann so viel Wasser zufügen, dass Sie einen festen, geschmeidigen Teig herstellen können, der nicht klebt. Kneten Sie ihn gut fünf Minuten lang. Entnehmen Sie einen Teil des Teigs (etwa 500 g) für den nächsten Teigansatz, bevor Sie Salz hinzufügen. Stellen Sie diesen neuen Ansatz zur Seite und wiederholen Sie den Vorgang über die nächsten Tage hinweg.

Falls gewünscht, können Sie jetzt Salz zugeben. Den Teig formen, und in eine mit einem bemehlten Tuch ausgelegte Schüssel geben. 14 Stunden gehen lassen.

Samstagmorgen Das Brot backen. Den Ofen auf 190°C vorheizen. Den Teig vorsichtig herausnehmen und auf ein mit Mehl bestäubtes Backblech legen. Die Oberseite tief einritzen und etwa eine Stunde backen, bis das Brot knusprig ist und hohl klingt, wenn man an die Unterseite klopft. Abkühlen lassen und frisch oder als Crostini geröstet genießen. Reste von trockenem Brot können Sie zerkleinern und in die Suppe geben.

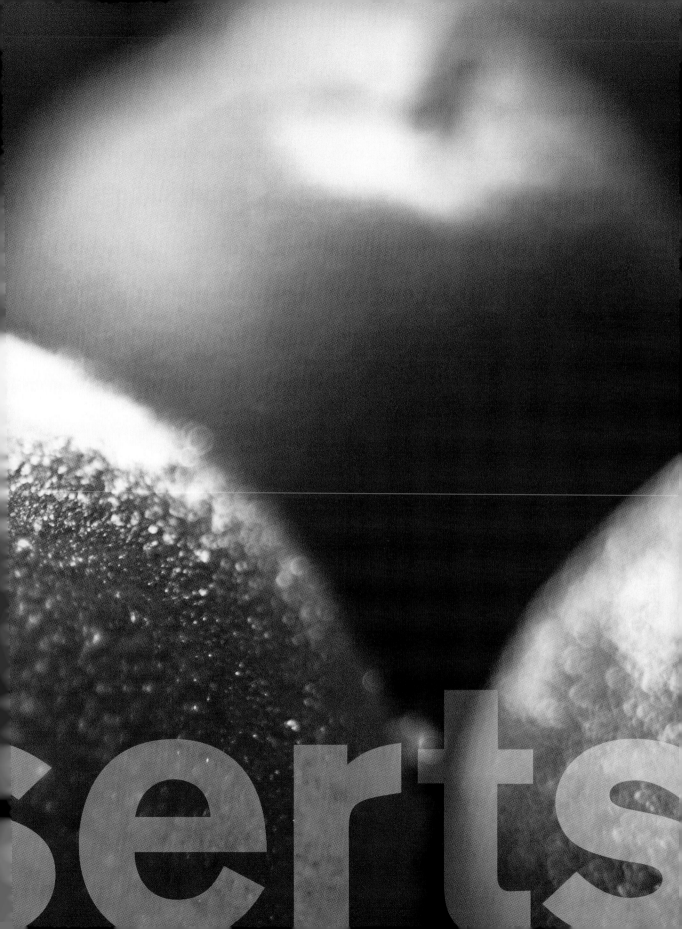

DESSERTS Das Kapitel mit den Nachspeisen fällt besonders umfangreich aus – ich bin momentan ganz versessen auf Süßes. Ich habe einige besonders leckere Rezepte ausgewählt, etwa Zitronen-Speise und Cobbler-Früchtepastete. Alles Dinge, die Naschkatzen und Süßigkeiten-Freaks sicher in Entzücken versetzen werden.

Ich muss Ihnen noch eine nette Geschichte im Zusammenhang mit meiner Fernsehreihe *The Naked Chef* erzählen. Am Schluss des Fruchtstreusel-Rezepts fügte ich hinzu: »Ich wette, Sie haben massenhaft eigene Ideen – probieren Sie sie aus!« Einige Zeit später bekam ich einen Brief von einer älteren Dame, die schrieb, sie habe versucht, ihre Fantasie ein bisschen spielen zu lassen, das Ergebnis sei jedoch nicht besonders schmackhaft gewesen. Wie sich herausstellte, hatte sie ein paar Paprika-Chips in die Streuselmischung gegeben. Da musste ich lachen. Es ist schön zu wissen, dass es unter meinen Zuschauern und Lesern ein paar abenteuerlustige Zeitgenossen gibt!

Süße Ananas mit Minzzucker

Als Kind hielt ich eine einzige Obstsorte zum Nachtisch für eine langweilige Angelegenheit – ein derartiges Dessert hat mich nicht im geringsten interessiert. Wie ich heute weiß, war das nur deshalb so, weil niemand etwas Aufregendes mit dem Obst machte. Dieses Rezept hier hätte mir als Kind dagegen bestimmt gefallen. Es ist eine dieser Kombinationen, die im Mund geradezu explodiert und von der man nicht genug kriegen kann. Wer sie einmal versucht hat, vergisst sie nie mehr.

4 PORTIONEN

1 reife Ananas • Naturjoghurt nach Belieben •
4 gehäufte EL Zucker • 1 Hand voll frische Minze

Kaufen Sie eine reife Ananas, die süßlich duftet und deren Blätter sich leicht nach oben herausziehen lassen. Schneiden Sie beide Enden ab, schälen Sie die Frucht mit einem Messer und entfernen Sie alle Augen. Dann die Ananas in Viertel schneiden und das harte Mittelstück entfernen. Ich werfe es entweder weg oder lutsche daran, während ich mit der Zubereitung weitermache. Die Viertel der Länge nach in möglichst dünne Streifen schneiden, und diese in ein oder zwei Schichten auf einen großen Teller legen. Nicht in den Kühlschrank, sondern nur beiseite stellen.

Tragen Sie den Teller nach dem Hauptgericht zusammen mit einem Schälchen Joghurt auf, das später herumgereicht werden kann, und kehren Sie dann mit einem Mörser, in dem sich der Zucker befindet, an den Tisch zurück. Ihre Gäste wundern sich wahrscheinlich, was jetzt passiert, während Sie die Minzeblätter zum Zucker in den Mörser geben und zerstoßen. Der Zucker wird seine Farbe ändern und großartig duften. Das dauert normalerweise etwa eine Minute, wenn Ihr Handgelenk gute Arbeit leistet. Bestreuen Sie die Ananas auf dem Teller mit dem Pfefferminzzucker – und passen Sie auf, dass niemand von der Ananas nascht, bevor Sie den Zucker darüber gegeben haben. Eine Riesensache! Falls Reste zurückbleiben, können Sie daraus eine leckere Piña Colada machen.

Cannoli Siciliana

Ein tolles kleines Dessert, dessen Zubereitung mir mein Freund Gennaro beigebracht hat. Die Cannoli-Röllchen werden mit süßem Ricotta gefüllt und können noch mit wirklich allem geschmacklich verfeinert werden. Man kann sie sogar in geschmolzene Schokolade tauchen. In fast jedem Feinkostgeschäft mit italienischen Delikatessen, seltener auch in gut geführten Supermärkten, gibt es Cannoli fertig zu kaufen. Es handelt sich um ein in schwimmendem Fett ausgebackenes, leichtes und knuspriges süßes Gebäck. Diese leckeren Röllchen sind im Küchenschrank gut aufgehoben und warten darauf, in ein erstklassiges Dessert verwandelt zu werden, das im Nu zubereitet ist.

4 PORTIONEN

**2 große Körbchen Himbeeren • 6 gehäufte EL Zucker •
1 Päckchen Vanillezucker • 200 g Ricotta (am besten
aus Büffelmilch) • 100 g Zartbitter-Couvertüre, gehackt •
50 g Pistazien, gehackt • 50 g glasierte Früchte, gehackt •
12 Cannoli-Röllchen • Puderzucker**

Ich bereite zu den Cannoli-Röllchen am liebsten eine Himbeersauce zu: Dazu die Himbeeren mit 3 EL Zucker in einen kleinen Topf geben, zum Kochen bringen, eine Minute köcheln und dann abkühlen lassen.

Inzwischen den Ricotta und die restlichen 3 EL Zucker und Vanillezucker mit dem Handrührgerät eine Minute schlagen, bis eine glatte, glänzende Masse entsteht, die sehr süß schmecken sollte. Bei manchen Ricottasorten ist mehr Zucker nötig als bei anderen – deshalb kosten und nach Belieben abschmecken. Die Mischung in eine Schüssel geben, Couvertüre, Pistazien und glasierte Früchte zufügen. Experimentieren und improvisieren Sie mit verschiedenen Geschmacksrichtungen – nur durch Ausprobieren lernt man dazu. Die Masse in einen Spritzbeutel geben und die Röllchen damit füllen. Wer keinen Spritzbeutel besitzt, kann von einer Plastiktüte oder einem Frühstücksbeutel eine kleine Ecke abschneiden und sich damit behelfen. Jeweils drei Röllchen auf einem Teller anrichten, die Himbeersauce darüber träufeln und mit ein wenig Puderzucker bestäuben. Köstlich!

Joghurt mit Heidelbeerkonfitüre und Holunderblütenlikör

Ein fantastisches und schnelles Rezept für jene Tage, an denen man keine Ewigkeit damit zubringen will, das Dessert zuzubereiten. Zudem eignet es sich sehr gut für zwischendurch als »Gaumenerfrischer« vor der Hauptspeise. Sie können es zwar mit jeder beliebigen Konfitüre zubereiten, Heidelbeerkonfitüre schmeckt jedoch besonders lecker. Versuchen Sie es aber auch einmal mit Erdbeer- oder Himbeerkonfitüre.

4 PORTIONEN

**500 g griechischer oder normaler Naturjoghurt •
4 EL Heidelbeerkonfitüre • 8 EL Holunderblütenlikör •
4 frische Minzezweige**

Den Joghurt auf vier Dessertschalen oder kleine Gläser verteilen. Mit einem Löffel die Heidelbeerkonfitüre darüber geben, den Holunderblütenlikör zugießen und jeweils mit einem Minzezweig dekorieren.

Früchte-Cobbler

Ein Rezept aus Amerika, das mit dem englischen »Crumble« vergleichbar ist. Besonders gut schmeckt es mit Erdbeeren und Rhabarber, Sie können jedoch alle beliebigen Früchte kombinieren; 700 g dürften genügen.

6 PORTIONEN

FÜR DIE FRÜCHTE

2 Aprikosen, entsteint und in Spalten geschnitten •
1 Birne, ohne Kernhaus und in dicke Spalten geschnitten •
1 Schälchen Brombeeren • 1 Schälchen Heidelbeeren •
1 Schälchen Himbeeren • ½ Apfel, gerieben • 5 EL Zucker •
1 großer Spritzer Aceto balsamico

FÜR DEN TEIG

170 g kalte Butter • 225 g Mehl • 2 gestr. TL Backpulver •
70 g Zucker • 1 große Prise Salz • 130 ml Buttermilch • etwas
Zucker zum Bestäuben

Backofen auf 190 °C vorheizen. Die Früchte mit dem Zucker und dem Aceto balsamico in einem Topf so lange erhitzen, bis die Früchte Saft ziehen. In eine feuerfeste Form geben.

Für den Teig die kalte Butter mit Mehl und Backpulver vermengen, bis eine feinbröselige Mischung entsteht. Zucker und Salz zufügen, gut verrühren, die Buttermilch zugießen und darunter rühren. Diese Masse mit einem Löffel über den heißen Früchten verteilen (für einen streuselähnlichen Effekt den Teig als Häufchen auf die Früchte setzen), etwas Zucker darüber streuen und im vorgeheizten Ofen 30 Minuten goldbraun backen. Mit Vanilleeis servieren.

Schokoladen-Creme

Dieses Rezept ist dem der Crème brûlée ähnlich. Falls nötig, können Sie die angegebenen Mengen verdoppeln oder auch verdreifachen.

4 PORTIONEN

3 Vanilleschoten • 200 ml Milch • 375 g Sahne oder Crème double •
8 große Eigelbe, möglichst Bio-Eier • 70 g Zucker • 1 gehäufter
TL Kakaopulver • 100 g gute Schokolade, fein zerstoßen •
Zucker zum Karamellisieren

Die Vanilleschoten der Länge nach mit einem Messer aufschlitzen und das Mark herauskratzen, dann die Schoten klein hacken. Mark und Schoten mit Milch und Sahne in einen Topf geben. Fünf Minuten leicht köcheln lassen, damit die Milch das Aroma aufnehmen kann. In einer Schüssel, die auf den Topf passt, Eigelbe, Zucker und Kakaopulver eine Minute schlagen. Langsam weiterschlagen, dabei die Vanille-Milch-Sahne-Mischung zugießen und noch so lange weiterschlagen, bis sich alles gut vermengt hat. In den nicht ausgespülten Topf 2 bis 3 cm hoch heißes Wasser füllen, zum Köcheln bringen und die Schüssel auf den Topf setzen. Die Milchmischung über dem köchelnden Wasser fünf Minuten langsam erhitzen und dabei öfters umrühren, bis sie an der Rückseite eines Löffels haften bleibt. Durch ein feines Sieb in einen Krug streichen. Die Vanilleschoten entfernen und wegwerfen.

Backofen auf 150 °C vorheizen. Vier feuerfeste Dessertschalen auf ein Backblech mit hohem Rand stellen. Die Schokolade in den Schalen verteilen und flach drücken. Nun die Milch-Sahne-Ei-Mischung vorsichtig darüber verteilen und darauf achten, dass sie sich nicht mit der Schokolade vermischt. Das Blech so hoch mit Wasser füllen, dass die Schalen etwa zur Hälfte in der Flüssigkeit stehen. Im vorgeheizten Ofen ca. 30 bis 45 Minuten stocken lassen, bis die Creme in der Mitte noch etwas wackelig ist. Passen Sie auf, dass die Masse nicht zu fest wird und bedenken Sie, dass die Backzeit sich von Ofen zu Ofen unterscheidet. Abkühlen lassen (dieses Dessert kann bis zu drei Tage im Kühlschrank aufbewahrt werden, ich persönlich mag es am liebsten bei Raumtemperatur), mit Zucker bestreuen und diesen unter dem heißen Backofengrill karamellisieren lassen (oder aus 6 bis 7 EL Zucker und ein paar EL Wasser goldfarbenes Karamell kochen und vorsichtig auf dem Dessert verteilen).

Sesam-Toffee-Bissen

Sie eignen sich hervorragend, um die Schoko-Mousse von Seite 278 aufzulöffeln. Heißer Karamell kann aber böse Verbrennungen verursachen, also Vorsicht – auch wenn Kinder diese Leckereien gerne naschen, sollten Sie sie von der Zubereitung fern halten.

FÜR ETWA 12 STÜCK

450 g Zucker • 200 g Sesam

Zucker und 8 bis 10 EL Wasser in einem Topf bei mittlerer Hitze erwärmen. Mit einem Löffel verrühren, so dass ein Sirup entsteht. Aber nicht zu viel rühren, sonst bilden sich im Sirup Zuckerkristalle. Weiter kochen, bis der Sirup goldgelb ist, den Sesam einstreuen und die Masse goldbraun werden lassen. Die Sesam-Karamell-Mischung auf ein geöltes Backblech oder eine flache Platte gießen und mit einem Streichmesser oder einem Teigschaber etwa 0,5 cm (möglichst noch dünner) verstreichen. 15 Minuten auskühlen lassen und nach Belieben portionieren.

Schoko-Mousse

4 PORTIONEN

225 g gute Zartbitterschokolade, zerstoßen • 70 g Butter, in Stücke
geschnitten • 350 g Sahne oder Crème double • 2 große Eier, möglichst
Bio-Eier • 1 EL Amaretto • 2 EL guter Honig

Schokolade und Butter in einer Schüssel über köchelndem Wasser langsam schmelzen lassen und von der Kochstelle nehmen. In einer anderen Schüssel die Sahne halb steif schlagen (sie darf noch nicht zu steif sein). In einer dritten Schüssel Eier und Honig schlagen, bis eine leicht schaumige Masse entstanden ist, dann den Amaretto, die flüssige Schoko-Butter-Masse und die Sahne vorsichtig darunter heben, so dass sie nicht zusammenfällt. In kleine Weingläser oder Dessertschalen füllen und vor dem Servieren mindestens eine Stunde kalt stellen. Mit Sesam-Toffee-Bissen (siehe Seite 275) servieren.

Schokopudding mit ganzer Orange

Ein Pudding, in dessen Mitte eine hübsche Überraschung wartet, wenn man ihn anschneidet. Die Schale der Orange wurde gekocht wie bei einer Zitrusmarmelade. Ihre Säure passt gut zum süßen Geschmack der Schokolade.

6–8 PORTIONEN

80 g Butter • 50 g dunkle Schokolade • 170 g Mehl • 1 TL Backpulver • 50 g Kakaopulver • 170 g Zucker • 2 Eier • 2 EL Milch

FÜR DIE FÜLLUNG

1 unbehandelte Orange – wenn möglich eine Sorte mit
dünnerer Schale • 80 g Butter • 80 g Zucker

In einem Topf etwas Wasser zum Sieden bringen und darin die ganze Orange mindestens zehn Minuten zugedeckt bei großer Hitze kochen.

Inzwischen eine Puddingform oder Schüssel einfetten, die 1,3 Liter fasst. Butter und Schokolade in einer Schüssel über dem Wasserbad zerlaufen lassen. Mehl und Kakaopulver in eine Rührschüssel geben, die zerlassene Butter und die geschmolzene Schokolade und anschließend Zucker, Eier und Milch hinzufügen und alles gut vermischen. Etwa zwei Drittel der Masse in die Form füllen, dabei in die Mitte eine Vertiefung drücken.

Wenn die Orange rund zehn Minuten gekocht hat, müsste ihre Schale weich sein. Die Frucht aus dem Kochwasser nehmen, mit einer Gabel oder einem Spieß rundherum einstechen und in die Mitte der Puddingmasse setzen. Sie können die Orange auch in mehrere Stücke schneiden, um Kerne oder die faserigen Teile in der Mitte zu entfernen, und sie dann wieder zusammensetzen (das macht auch das Portionieren leichter); ich persönlich mache das aber nur in Ausnahmefällen.

Die Butter in Würfel schneiden, zusammen mit dem Zucker um die Orange herum verteilen und diese mit der restlichen Puddingmasse bedecken. Den Pudding mit Pergamentpapier und dann mit Alufolie zudecken und in den Topf mit kochendem Wasser setzen (die Form sollte bis zur Hälfte im Wasser stehen). Zwei Stunden garen lassen. Dabei ab und zu überprüfen, ob Wasser nachgegossen werden muss.

Den Pudding auf einen Servierteller stürzen und mit Sahne servieren. Ich mag dazu auch Custard (eine Art süßer Eierstich).

Die Königin aller Süßspeisen

4–6 PORTIONEN

4 Eier • 600 ml Milch •
120 g feine Semmelbrösel • 225 g Zucker, mit
1 Päckchen Vanillinzucker vermischt •
4 gestrichene EL Konfitüre
(z. B. Himbeerkonfitüre)

Backofen auf 150 °C vorheizen. Drei Eier trennen. Die Eigelbe zusammen mit dem restlichen ganzen Ei in einer Schüssel schaumig schlagen. Milch, Semmelbrösel und 75 g Zucker zugeben. Die Konfitüre auf dem Boden einer Auflaufform gleichmäßig verteilen. Die Ei-Milch-Mischung auf die Konfitüre gießen. Im vorgeheizten Ofen etwa eine Stunde bzw. so lange backen, bis die Masse fest ist.

Die drei übrigen Eiweiße steif schlagen und den restlichen Zucker langsam zugeben, bis er sich völlig mit dem Eischnee vermischt hat. Die Eischneemasse oben auf der gebackenen Masse verteilen und im Ofen weitere 15 bis 20 Minuten backen, bis das Baiser fest und leicht gebräunt ist.

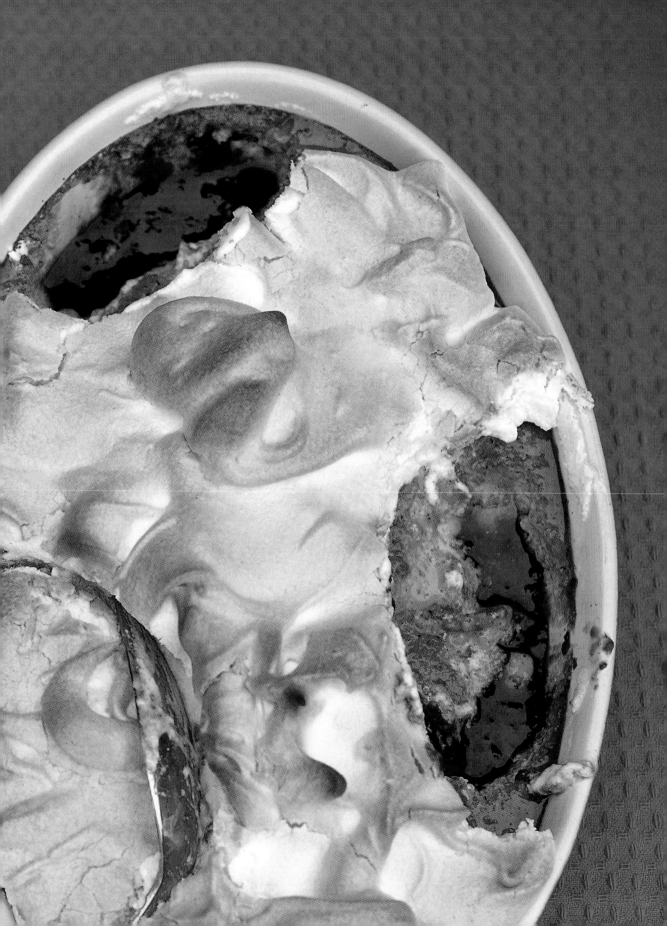

Zitronen-Speise

Schmeckt wirklich klasse und ist ganz einfach zuzubereiten. Meine Schwester Anna mag sie wahnsinnig gern. Man sollte diesen Auflauf in einer feuerfesten Glasform backen, da man dann die leckeren Schichten besonders gut sehen kann – eine Art Zitronen-Milch-Ei-Mischung am Boden und eine schaumige, baiserartige Kruste obenauf … einfach köstlich!

4 PORTIONEN

50 g Butter • 120 g Zucker • 1 Päckchen Vanillinzucker • geriebene Schale und Saft von 1 unbehandelten Zitrone • 2 große Eier, getrennt • 50 g Mehl • ½ TL Backpulver • 300 ml Milch

Backofen auf 200 °C vorheizen. Butter, Zucker und Vanillezucker zusammen mit der Zitronenschale in einer Schüssel schaumig schlagen. Eigelbe und Mehl darunter rühren, dann die Milch und 3 EL Zitronensaft zugießen und gut vermischen.

Die Eiweiße in einer anderen Schüssel steif schlagen und die restliche Mischung dazugeben. Alles gut vermengen, aber nicht zu stark, damit der Eischnee nicht zusammenfällt. In eine gebutterte, feuerfeste Form geben, diese in eine zu einem Drittel mit Wasser gefüllte Pfanne stellen und im vorgeheizten Ofen etwa 45 Minuten backen, bis sich auf der Oberseite eine schöne goldbraune und schwammartige Kruste gebildet hat.

Sommerfrüchte in Gelee
mit Holunderblütenlikör und Prosecco

Ein tolles Dessert, das einfach prima schmeckt. Es erfrischt den Gaumen und Sie können es schon im Voraus zubereiten, da es sich vier bis fünf Tage hält. Mögen Sie lieber ein Gelee in einer Riesenschüssel oder einzelne Portionen? Sie können fast jede Obstsorte verwenden, nur keine Ananas oder Kiwis, denn mit ihnen wird das Gelee nicht fest.

10 PORTIONEN

8 Schälchen gemischte Beeren (Brombeeren, Himbeeren, Erdbeeren, Blaubeeren) • 6 Blatt Gelatine (10 g) • 140 ml Holunderblütenlikör • 2 gehäufte EL Zucker • 425 ml gekühlter Prosecco

Zunächst müssen Sie entscheiden, ob Sie ein großes Gelee oder mehrere kleine Portionen zubereiten möchten. Im ersten Fall ist es empfehlenswert, die Form mit Frischhaltefolie auszulegen. Geben Sie die reifen Früchte in die Form bzw. in die Förmchen und stellen Sie sie kalt. Inzwischen die Gelatineblätter in einer Schüssel mit etwas kaltem Wasser einige Minuten quellen lassen, ausdrücken und mit dem Likör wieder in die Schüssel geben. Die Gelatine im Wasserbad über köchelndem Wasser unter ständigem Rühren auflösen, bis sie zusammen mit dem Likör eine Art Sirup bildet. Jetzt den Zucker zugeben, diesen ebenfalls unter Rühren auflösen, dann die Schüssel mit der Gelatinemasse bei Zimmertemperatur ein paar Minuten abkühlen lassen.

Die Früchte und den Prosecco aus dem Kühlschrank holen. Es ist wichtig, dass sowohl die Formen für die Früchte als auch der Prosecco gekühlt sind, denn dann bleiben die Bläschen im Gelee, wenn es fest wird, und zerplatzen erst später im Mund – und das ist klasse! Gießen Sie den Prosecco in die Likörmischung und diese dann über die Früchte. Wenn ein paar Früchte nach oben steigen, drücken Sie sie mit den Fingern in die Geleemischung, so dass alle gut eingeschlossen sind und sich gut im Kühlschrank halten. Stellen Sie das Gelee eine Stunde im Kühlschrank kalt, damit es fest wird.

Tauchen Sie die Form vor dem Servieren in heißes Wasser, um das Gelee von der Form zu lösen, und stürzen Sie es dann auf einen Teller. Schmeckt toll mit etwas Crème fraîche, ist aber auch ohne sehr lecker!

Wirklich ein Superkuchen – er hat Biss und besteht aus einer köstlichen Kombination aus Pinienkernen und Honig. Das Rezept habe ich von Jethro, meinem guten Freund und Chefkonditor im Monte's. Ich lernte ihn in Australien kennen. Im Kuchen- und Tortenbacken war er schon immer ein As. Danke, Jethro!

Jethros Tarte

FÜR EINE TARTE MIT 30 CM Ø

250 g Pinienkerne • 250 g Butter • 250 g Zucker • 3 große Eier,
möglichst Bio-Eier • 4 EL griechischer Feigenhonig oder ein
anderer guter Honig • 110 g Weizenmehl • 1 Prise Salz

FÜR DEN TEIG

120 g Butter • 100 g Puderzucker • 1 Prise Salz • 225 g Mehl •
2 Eigelbe • 2 EL kalte Milch oder Wasser

Sie können den Teig mit der Hand oder mit der Küchenmaschine herstellen. Die Butter und den Zucker mit dem Salz schaumig schlagen und Mehl und Eigelbe unterrühren. Wenn die Zutaten eine bröselige Mischung ergeben, die Milch oder das Wasser zugießen. Behutsam miteinander verkneten und eine kleine Teigkugel formen. In Folie gewickelt eine Stunde ruhen lassen.

Den Teig vorsichtig in dünne Scheiben schneiden (oder ausrollen, wenn Sie das lieber tun) und eine runde Backform damit auslegen. Den Teig an den Nahtstellen zusammendrücken, gleichmäßig verteilen und einen Rand hochziehen. Zudecken und etwa eine Stunde ins Tiefkühlfach legen. Backofen auf 180 °C vorheizen und den Tortenboden rund 15 Minuten goldgelb backen. Die Backofentemperatur auf 170 °C reduzieren.

Mittlerweile die Pinienkerne unter dem Backofengrill rösten. Machen Sie es nicht so wie ich, denn ich vergesse sie manchmal und dann verbrennen sie. Sie sollten sie deshalb besser im Auge behalten – es dauert nicht lange, bis sie Farbe angenommen haben. Mit dem Handrührgerät Butter und Zucker schaumig schlagen. Die Pinienkerne einrühren, die Eier einzeln zugeben und dann Honig, Mehl und Salz darunter mischen. Die Masse mit einem Löffel auf dem Tortenboden verteilen und 30 bis 35 Minuten backen.

Servieren Sie das Gebäck mit karamellisierten Feigen (mit etwas Zucker gegrillt), Crème fraîche und ein wenig Zitronenthymian – das schmeckt prima!

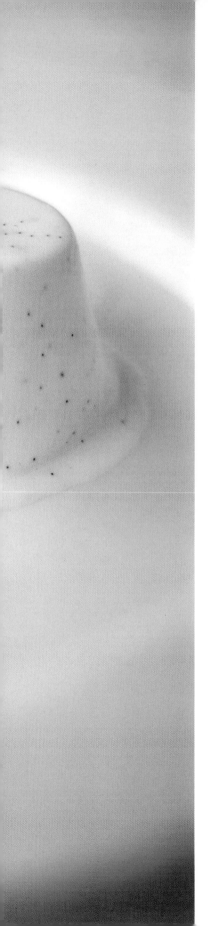

Panna cotta mit gebackenem Rhabarber

4 PORTIONEN

70 ml Milch • 2 Vanilleschoten, aufgeschlitzt
und Mark entfernt • Schale von
1 unbehandelten Zitrone, fein gerieben •
375 g Crème double • 3 Blatt Gelatine (5 g),
in Wasser eingeweicht • 70 g Puderzucker •
200 g Rhabarber • 2 EL Zucker •
1 daumengroßes Stück frischer Ingwer,
geschält und gerieben • 1 Zimtstange
(2,5 cm) • 120 ml Champagner, Sekt,
Prosecco oder ein anderer Schaumwein

Milch, Vanilleschoten und -mark, Zitronenschale und die Hälfte der Crème double in einen kleinen Topf geben und etwa zehn Minuten langsam köcheln, bis sich die Flüssigkeit um ein Drittel reduziert hat. Von der Kochstelle nehmen und die eingeweichte Gelatine einrühren, bis sie sich aufgelöst hat. Etwas abkühlen lassen, in den Kühlschrank stellen und gelegentlich umrühren, bis die Mischung auf der Rückseite eines Löffels haften bleibt. Die Vanilleschoten herausnehmen.

Den Puderzucker mit der restlichen Crème double verrühren. Die beiden Sahnemischungen miteinander vermengen. In vier Dessert-Förmchen, Espressotassen oder kleine Gläser füllen. Zudecken und eine Stunde kalt stellen.

Den Rhabarber schälen, in 4 cm lange Stücke schneiden, mit dem Zucker bestreuen und unter dem Backofengrill leicht anbräunen. Ingwer, Zimt und Schaumwein langsam erhitzen und über den gebackenen Rhabarber gießen, zudecken und etwa 30 Minuten ziehen lassen.

Zum Servieren tauche ich die Förmchen oder Tassen in köchelndes Wasser, damit sich der Inhalt lösen kann, und stürze die Masse dann auf einen Teller – neben den Rhabarber mit der Sauce (die Zimtstange entfernen). Sie können den Rhabarber aber auch auf den Förmchen oder Gläsern verteilen und so servieren. Schmeckt auch mit frischen Feigen und Honig oder karamellisierten Blutorangen.

P.S.: Lecker auch mit etwas Zitronenbasilikum.

GETRÄNKE Ich bin immer noch ein Freund des guten alten Drinks. Und es ist schön zu wissen, dass viele von Ihnen auch so denken. Wie verrückt waren die Leute nach meinem Wassermelonen-Wodka – vom Teenie bis zum Rentner, und ich weiß nicht, wen es schlimmer erwischt hatte. Ich ertappte sogar meinen Kollegen Jimmy dabei, wie er Passionsfrüchte und Trauben mit Wodka mixte. Also wirklich! Man kann sagen, er lernt noch. Wenn Sie jedoch etwas wirklich Tolles testen möchten, dann probieren Sie meinen Sidecar, das ist im Augenblick das Luxuriöseste, was ich zu bieten habe. Riesig, um zu entspannen und um sich auf eine lange Nacht vorzubereiten. Um Ihnen zu zeigen, dass ich nicht nur Cocktails mag, habe ich auch ein paar absolut aufregende Softdrinks ausgewählt, darunter »Weihnachten im Glas«. Dabei handelt es sich um Mandarinensaft mit etwas Minze – in meiner Familie trinken wir ihn zu Weihnachten. Und dann noch ein schnelles Rezept für Ingwerlimonade – an einem heißen Sommertag das Erfrischendste, was man sich vorstellen kann. Blättern Sie weiter und trinken Sie einen auf mich.

getr

Die beste heiße Schokolade

Dies ist eine gute Methode, um die beste heiße Schokolade, den leckersten Cappuccino oder schaumige Milchgetränke zu Hause zuzubereiten, ohne dafür irgendeine teure Maschine kaufen zu müssen. Alles, was Sie brauchen, ist eine große Thermoskanne oder ein Plastikgefäß mit Schraubverschluss. Ich hab's übrigens auch schon mal mit Ovomaltine ausprobiert.

2 BECHER

**600 ml Vollmilch oder fettarme Milch • 2 EL Kakaogetränkpulver •
1 Hand voll Marshmallows • Zucker zum Abschmecken**

Das Getränk ist in drei bis vier Minuten zubereitet. Gießen Sie die Milch in einen Topf, bringen Sie sie zum Köcheln – nicht zum Kochen! – und geben Sie währenddessen 1 EL Kakaogetränkpulver und Zucker nach Belieben in jeden Becher. Gießen Sie etwas angewärmte Milch aus dem Topf in beide Becher – gerade soviel, um das Pulver aufzulösen. Jetzt geben Sie ein paar Marshmallows in jedes Gefäß. Wenn die Milch köchelt, gießen Sie diese vorsichtig in ein verschließbares Plastikgefäß oder eine Thermoskanne. Ich mache das über dem Spülbecken, da ich immer ein wenig kleckere. Das Gefäß muss so groß sein, dass es mit der Milch nur zur Hälfte gefüllt ist – das ist der Trick! Der übrige Raum wird zum Schütteln und Aufschäumen benötigt.

Das Gefäß fest zuschrauben, zur Sicherheit noch ein Tuch darüber legen und eine Minute lang kräftig schütteln. Beim Aufschrauben des Deckels auf den Dampf aufpassen und die Milch in die Becher gießen. Kurz umrühren und genüsslich schlürfen. Ist das nicht himmlisch?

Ginger Beer – erfrischende Ingwerlimonade

Ingwerlimonade gehört zu den Dingen, die ich am liebsten mag, vor allem im Sommer, wenn es heiß ist. Ich kann mir für einen heißen Tag nichts Schöneres vorstellen als einen großen Krug Ingwerlimonade mit Eis zu einem köstlichen Barbecue. Die klassische echte Ingwerlimonade schmeckt zwar fantastisch, aber sie braucht einen Gärstoff und ihre Herstellung dauert recht lange. Deshalb hier meine Kurzfassung. Das Ergebnis kann sich sehen lassen und der nötige Zeitaufwand ist erstaunlich gering.

4–6 GLÄSER

140 g frischer Ingwer • 4 EL brauner Zucker •
2–3 unbehandelte Zitronen • 1 l Soda- oder Mineralwasser
mit Kohlensäure • frische Minzezweige

Zunächst müssen Sie den Ingwer grob reiben – Sie brauchen ihn nicht unbedingt vorher zu schälen. Dann in eine Schüssel geben und den Zucker darüber streuen. Mit einem Gemüseschäler zwei Zitronen schälen, die Schalen in die Schüssel geben und mit einem Mörserstößel oder Nudelholz rund zehn Sekunden lang leicht zerstossen, damit sich alle Aromen vermischen. Den Saft der Zitronen auspressen und den größten Teil davon in die Schüssel gießen. Dann mit dem Wasser aufgießen. Zehn Minuten lang ziehen lassen und abschmecken. Wenn es zu säuerlich ist, geben Sie noch etwas mehr Zucker zu. Ist die Mischung dagegen zu süß, hilft ein wenig Zitronensaft. Ehrlich gesagt variieren die Mengenangaben immer ein wenig, machen Sie es deshalb so, wie es Ihnen am besten schmeckt. Gießen Sie das Ginger Beer durch ein grobes Sieb in einen großen Krug und geben Sie Eiswürfel und ein paar Minzezweige dazu.

Weihnachten im Glas

Letztes Weihnachten hatten wir Unmengen von Mandarinen im Haus. Daher pressten wir einige aus, gossen den Saft durch ein grobes Sieb und gaben ein paar Minze- blätter hinein. Wir servierten ihn gekühlt am Weihnachtsmorgen – und alles, was wir dazu sagen konnten war: »Das ist Weihnachten im Glas!« Jeder Schluck schmeckte nach Weihnachten – wenn Sie sich vorstellen können, wie Weihnachten schmeckt. Aber ganz im Ernst: Das gehört zum Besten, was ich jemals getrunken habe. In der Mandarinen- oder Clementinen-Saison, wenn diese Früchte preiswert zu haben sind, ist das ein tolles Getränk in Verbindung mit Champagner, Sekt oder Prosecco, in Cocktails oder einfach nur unvermischt als Saft. Versuchen Sie es! Pro Person benötigt man etwa fünf Mandarinen.

Mango Lassi

Das indische Getränk – eine Art Mango-Milch-Shake – schmeckt einfach köstlich.

4 GLÄSER

250g Naturjoghurt • 130ml Milch • 130g Mangopulp (Dose) oder
200g frische Mango, aufgeschnitten • 4 TL Zucker zum
Abschmecken

Alle Zutaten zwei Minuten miteinander mixen, dann in Gläser füllen und servieren.
Das Lassi kann bis zu 24 Stunden im Kühlschrank aufbewahrt werden.

Sidecar

Ein vortrefflicher kleiner Cocktail – das Rezept stammt von Tony Debok aus der Daddy-O-Bar in New York. Sie müssen es unbedingt probieren.

1 (GROSSES) GLAS

3 EL Zucker • 50 ml guter Brandy (Weinbrand) •
2–2,5 cl Cointreau • Saft von 2–3 Limetten • Zucker und
Limettenschale zum Servieren

Zunächst den Zucker und 3 EL kochendes Wasser miteinander verrühren, bis sich der Zucker aufgelöst hat, dann Brandy, Cointreau und Limettensaft dazugießen. Etwas Eis zugeben und gut schütteln. Ein wenig kosten – vielleicht fehlt zur Abrundung noch etwas Limettensaft. In einem Martiniglas mit Zuckerrand und Limettenspirale servieren.

Margarita

1 GLAS

2 Spritzer Tequila • 1 Schuss Cointreau •
1 Schuss frisch gepresster Limettensaft • Salz und
Limettenspalte zum Servieren

Alle Zutaten in einen Shaker geben, gut schütteln und in einem Martiniglas mit Salzrand und einer Limettenspalte servieren.

Dieser großartige kleine Cocktail wurde von dem Barmixer bei Monte's kreiert, gerade als mein Freund Ben und ich dort zu arbeiten angefangen hatten.

1 GLAS

3 Passionsfrüchte • etwas Champagner zum Aufgießen • 1 Spritzer Grenadine

Die Passionsfrüchte halbieren und das Fruchtfleisch durch ein grobes Sieb drücken, um die Kerne los zu werden. Diese wegwerfen, keinesfalls aber das wunderbar aromatische Fruchtmus, das an der Unterseite des Siebes haften geblieben ist. In ein hohes Glas füllen und mit Champagner und einem Schuss Grenadine aufgießen. Cheers!

UND ZUM SCHLUSS ...
... MAN IST, WAS MAN ISST

Kürzlich lernte ich Jane Clarke kennen, eine Diätspezialistin aus Soho. Jane hasst allerdings die Bezeichnung Diätspezialistin und nennt sich selbst eine »Ernährungssachverständige, die das Essen liebt«. Was ich an ihr so mag ist, dass es ihr Freude macht, mit den verschiedensten Aromen zu kochen und dass es ihrer Meinung nach bei einer guten Diät nicht nur darum geht Gewicht zu verlieren. Wenn wir gut essen, fühlen wir uns agiler und gesünder, wir sehen besser aus und sind auch leistungsfähiger. Während unseres Gesprächs nannte mir Jane einige Dinge, die wir alle tun können, um uns besser zu ernähren. Sie sind überaus vernünftig und wir können alle davon profitieren. Sehen Sie sich deshalb die folgenden Punkte einmal an – es lohnt sich, ihnen Beachtung zu schenken.

- *Trinken Sie mehr Wasser* Sie sollten täglich 2,5 l Wasser trinken. Wasser vertreibt Kopfschmerzen, fördert die Verdauung, verbessert die Haut und verleiht Ihnen Energie. Es hilft auch dabei, alle Vitamine und Mineralien aus der Nahrung im Körper freizusetzen. Es spricht nichts dagegen, Leitungswasser zu trinken.

- *Essen Sie langsam und genießen Sie die Speisen* Wenn Sie Ihr Essen hinunterschlingen, erkennt Ihr Gehirn nicht rasch genug, dass Sie schon satt sind. Also stopfen Sie noch mehr in sich hinein. Langsames Essen dagegen stellt sicher, dass Ihr Gehirn Gelegenheit hat, Ihnen mitzuteilen, wann Sie satt sind. Dasselbe geschieht, wenn Sie Speisen essen, die nach wenig schmecken – das Gehirn langweilt sich, schaltet ab und sagt Ihnen auch nicht, wann Sie genug haben. Essen Sie aromatische Speisen und hören Sie auf Ihr Gehirn! Was das Aroma betrifft, so sollten Sie reichlich Kräuter und Gewürze verwenden, um die Speisen schmackhaft zu machen – dann brauchen Sie auch weniger Salz.

- *Ziehen Sie »echtes« Essen kalorienarmer Nahrung vor* Es mag Sie vielleicht überraschen, aber ein paar »echte«, fetthaltige Nahrungsmittel sind besser als viele fettarme Produkte. Schokolade mit niedrigem Fettgehalt z. B. enthält einen Ersatzstoff, der aber nicht ausreicht, um den durch die Entnahme des Fettes verloren gegangenen Geschmack zu kompensieren. Gehen Sie sparsam mit Butter um, setzen Sie lieber auf Oliven- oder andere Pflanzenöle – Ihr Herz wird es Ihnen danken.

- *Essen Sie viele kleine Mahlzeiten* Wer das Frühstück ausfallen lässt, um sich dann zu Mittag so richtig voll zu stopfen, dem liegt das Essen schwer im Magen und er überlastet dieses wichtige Organ.

- *Achten Sie darauf, tagsüber nicht zu viele Kohlenhydrate zu sich zu nehmen* Kohlenhydrate, etwa Teigwaren oder Kartoffeln, aktivieren in unserem Körper Antistresshormone und bewirken, dass wir uns entspannt und müde fühlen. Deshalb sollten wir sie lieber abends zu uns nehmen.

- *Trinken Sie keinen Alkohol auf leeren Magen* Diesem Tipp kann ich voll und ganz zustimmen (ich habe diesbezüglich schon leidvolle Erfahrungen gemacht). Andernfalls sinkt der Blutzuckerspiegel ab und man muss dann sofort etwas essen – Kartoffelchips, einen Döner oder ein Curry. Es ist viel besser, gleichzeitig zu essen und (Alkohol) zu trinken. Man kann dann immer noch einen Schwips bekommen, aber ohne negative Auswirkungen auf das Verdauungssystem. Wer sich nicht die Zeit nimmt, um vor dem Alkoholgenuss richtig zu essen, sollte wenigstens ein Glas Milch trinken oder eine Banane verzehren.

- *Achtung Koffein!* Getränke wie Kaffee, Tee und Cola enthalten Koffein. Wenn man zu viel davon erwischt, produziert das Koffein Adrenalin und man ist noch gestresster als zuvor. Genießen Sie zwei bis drei Tassen wirklich guten Kaffee und steigen Sie dann lieber auf Kräutertee oder heißes Wasser mit einem Stück Ingwer oder Zitrone um. Sie werden sich entspannter fühlen und auch besser schlafen.

- *Essen Sie mehr Proteine* Viele von uns nehmen nicht genügend Proteine zu sich: Fisch, Eier, Meeresfrüchte, mageres Fleisch, Hülsenfrüchte, Nüsse, Getreide usw. Protein verleiht uns Energie und ist auch gut für unsere Laune, da es Aminosäuren enthält. Diese produzieren im Körper die so genannten »Glückshormone«, die dafür sorgen, dass wir uns wohl fühlen. Wer niedergeschlagen ist, sollte deshalb zur Aufmunterung ein paar Proteine zu sich nehmen.

- *Frisches Obst und Gemüse schützen* Der tägliche Verzehr von fünf Portionen Obst oder Gemüse kann Herzleiden und Krebserkrankungen vorbeugen – nehmen Sie Ihre Lieblingssorten daher vermehrt in Ihren Ernährungsplan auf. Tomaten sind besonders gesund. Untersuchungen haben ergeben, dass sie Prostatakrebs bei Männern vorbeugen – wer wöchentlich zehn Portionen Tomaten isst, kann das Risiko um bis zu 45 Prozent reduzieren. Eine Portion entspricht etwa zwei Tomaten – man kann die entsprechende Menge oder mehr auch in Form einer Bloody Mary, einer Tomatensauce zur Pasta, ja sogar als Ketchup zu sich nehmen.

NICE

Besonders bedanken möchte ich mich bei allen, die mir dabei helfen, das zu tun, was ich tue – bei allen, mit denen mich eine tolle Freundschaft verbindet. Ich beginne mit meiner Familie... ich danke meiner Frau Jools dafür, dass sie mich geheiratet hat und es mit mir aushält, meinen wunderbaren Eltern wie immer für alles, dem Rest der Oliver-, Palmer- und Norton-Familien für ihre Unterstützung, insbesondere Mrs. Qwwyyzzy Norton • David Loftus, dem begabtesten und geduldigsten Fotografen, den ich je kennen gelernt habe, dem besten Kumpel und tollen Reisegefährten. Her mit den Sidecars! P.S: Alles Liebe an Debbie, Paros und Pascale • Danke an meine fantastischen Assistentinnen Louise Holland, Nicola Duguid und Lisa Norton für Euer Engagement und Eure Freundschaft xxx • Ich danke meinen besten Freunden dafür, dass sie meine besten Freunde sind: Andy, er ist übrigens immer noch Single und zu haben, Jimmy Doherty, dem Naturburschen, Dan Brightman, dem Surfer aus Cornwall und all den anderen, mit denen ich aufgewachsen bin, Willy Wilson, Gray Boy, Ruby Quince und dem Rest • Ich danke Gennaro, Liz und dem Passione-Team in der Charlotte Street dafür, dass sie wie eine zweite Familie für mich sind xxx • Alles Liebe für meine hochgeschätzte Lektorin Lindsey Jordan. Und für Tom Weldon, meinen Verleger, der so überraschend gelassen blieb. Ich danke Johnny Boy Hamilton dafür, dass er sich mit mir so intensiv um das Layout und Aussehen des Buches kümmerte. Dafür, dass er an Sonntagen und bis spät nachts gearbeitet hat, sollte ich mich bei seiner Frau bedanken – tut mir leid, Claire. Ich danke Jo Seaton, Annie Lee, Nicky Barneby, James Holland, Sophie Brewer, Tora Orde-Powlett, Keith Taylor, John Bond und Miss Moneypenny, Harrie »sie ist frei und zu haben« Evans, Peter Bowron und dem gesamten großartigen Verkaufsteam von Penguin • Patricia Llewellyn, meine TV-Produzentin und berüchtigte Stimme im Hintergrund von »The Naked Chef«, Du bist die Beste. Mein Dank gilt Niall und Ewen, den Regisseuren, und dem restlichen Team – Peter Gillbe, Nina, Lucy, Rowan, Chris, Patrick, Jon, Louise, Luke Cardiff und Richard Hill • Harriet Docker • Mark Gray, Paul Hunt, Khoi, Josh und Tessa danke ich für ihre Arbeit an jamieoliver.com • Ich danke der reizenden Ginny Rolfe, der Wunderfrau, und ihrem Freund John, dem Bäcker • Kate Habershom • Richard vom Warehouse • Meinen Agenten Borra, Aden, Michelle und Martine von der Deborah McKenna Ltd. • Lance Reynolds • Sheila Keeting, die ein echter Schatz ist • Alles Gute für Lincoln, Jane und alle Kinder, Sunny, Jake und Honey • Jane Clarke • Onkel Geoff, Heather, Ashley und Stephanie • Mr. Frost, der mich berühmt machte • Meinem Kumpel, Bender, dem Australier und allen Köchen und Managern im Monte's (164 Sloane Street, London SW1X 9QB) • Dem Schlemmermaul Charlie und Maria • Mein Dank gilt Das und dem Team des Rasa, London, für ihre Unterstützung und die original indischen Gerichte • Und last but not least – herzlichen Dank an alle meine Lieferanten: Patricia von La Fromagerie, dem besten Käsegeschäft der Welt • David Gleave von Liberty Wines, der mir dabei half, ein paar fantastische Olivenöle und Weine aus Italien zu besorgen • Jekka, die reizendste Spezialistin für Kräuter, die es gibt. Für Ihre Kräuterkästen am Fensterbrett gibt es nichts besseres als www.jekkasherbfarm.com • Birgit Erath vom Spice Shop (www.thespiceshop.co.uk) • Alle vom Borough Market in London für die erstaunlichen Freitage und Samstage – so viel Leidenschaft und harte Arbeit; Ihr macht meine Wochenenden aufregend • Die besten Fisch- und Wildbrethändler … George von den Golborne Fisheries, Ben von den Rossmore Fisheries, The Southbank Seafood Company Ltd. und John von Blagdens für sein tolles Wildbret • Die Fleischer: Kevin von Allen's, Brian von Randalls und Gray von M. Moen & Sons • Rushton, Greg und alle Jungs von George Allens Vegetables für ihre telefonischen Auskünfte • Sir Peter Davis und die Saintsbury's-Truppe – dafür, dass sie mir so aufregende Projekte auch in Zukunft ermöglichen.

Das war's ...
ich bin weg!